Norbert Scholl

Wozu noch Christentum?

Was nicht verloren gehen darf

Worauf verzichtet werden sollte

Impressum

Norbert Scholl

Wozu noch Christentum?

Was nicht verloren gehen darf

Worauf verzichtet werden sollte

Satz: Elke Habicht
Layout: Andreas Klinkert
Druck und Bindung:
Westermann Druck Zwickau GmbH
Auflage: 2/2015

Publik-Forum Verlagsgesellschaft mbH
Postfach 2010
61410 Oberursel
www.publik-forum.de

ISBN 978-3-88095-271-3

Norbert Scholl

Wozu noch Christentum?

Was nicht verloren gehen darf
Worauf verzichtet werden sollte

NORBERT SCHOLL, geb. 1931, war Rektor des Erzbischöflichen Studienheimes und Religionslehrer an einem humanistischen Gymnasium in Freiburg im Breisgau, 1969 bis zur Pensionierung 1996 Professor für römisch-katholische Theologie und Religionspädagogik an der Pädagogischen Hochschule Heidelberg. Zahlreiche, sehr erfolgreiche Veröffentlichungen. Er ist aktives Mitglied der deutschen KirchenVolksBewegung »Wir sind Kirche«.

Inhalt

»Ich glaube, dass Millionen Christen auf dieser Erde das Antlitz dieser Erde verändern könnten, und ich empfehle es der Nachdenklichkeit und der Vorstellungskraft der Zeitgenossen, sich eine Welt vorzustellen, auf der es Christus nicht gegeben hätte.«

HEINRICH BÖLL[1]

Vorwort

Wozu wird das Christentum überhaupt noch gebraucht? Sähe nicht die Welt in mancher Hinsicht ohne das Christentum sogar besser, menschlicher aus? Verliert die Gesellschaft, verliert die Kultur, verlieren wir etwas, wenn das Christentum verschwindet?

Offen oder versteckt werden diese Fragen heute gestellt. Nicht nur von erklärten Gegnern. Auch etliche Christen sind von Zweifeln geplagt: Warum bin ich eigentlich (noch) Christ? Ich käme doch ganz gut auch ohne mein ohnehin wackliges und angeschlagenes Christsein aus. Und muss es eigentlich die Form und Tradition sein, die ich bislang kenne und – wenn überhaupt – bisweilen praktiziere?

Manche Zweifel sind selbst gemacht – Unkenntnis über die Wurzeln, über die Geschichte. Andere erwachsen aus Begegnungen mit Menschen und den Erfahrungen des Alltags. Immer wieder gerät das Christentum durch Skandale oder inhumanes Verhalten, durch Verfälschungen und Verkrümmungen in die Schlagzeilen. Nur weil es fehlbare Menschen sind, die das Christentum repräsentieren oder sogar von Amts wegen anführen und orientieren?

Die folgenden Ausführungen zeigen einige Aspekte auf, die vielleicht deutlich machen können, warum das Christentum nicht nur eine Daseinsberechtigung in der Welt von heute hat, sondern, es sogar gebraucht wird. Ausschlaggebend wäre allerdings, dass es einigermaßen so vertreten und gelebt wird, wie es der Intention seines Gründers entspricht. Bestimmte Formen des Christentums, die in der Vergangenheit vorherrschend waren und es bis in die Gegenwart hinein sind, erscheinen heute museal und nicht mehr zukunftsträchtig. Sie widersprechen einem aufgeklärten, humanen Denken und Handeln. Andere Formen hingegen sind für die Entwicklung von Humanität, Religiosität und Spiritualität dienlich, vielleicht sogar unverzichtbar. Welche Traditionen das sein könnten, wie die einen von den anderen unterschieden werden und wie sich von daher Umrisse eines zukunftsfähigen und attraktiven Christentums abzeichnen könnten, macht ein Blick in den Werdegang des Christentums deutlich. Dabei ergeben sich immer wieder Einsichten im Hinblick auf ein humanes Christentum und auf eine durch das Christentum wesentlich mitgeprägte und mitgetragene Humanität.

Die inzwischen bei den Katholiken und auch bei vielen Nichtkatholiken und Nichtchristen verbreitete

Bewunderung für die einfache und menschenfreundliche Lebensweise von Papst Franziskus zeigt: Das Christentum hatte und hat eine Dienstfunktion für die Welt, für alle Menschen. Diese universale und im Alltag zu praktizierende Dienlichkeit wird für die Zukunft des Christentums von entscheidender Bedeutung sein.

I. Die Grundlagen

Der Exodus

Begonnen hat alles ziemlich unspektakulär in Ägypten. In das damals reiche und mächtige Land am Nil waren im zweiten Jahrtausend vor unserer Zeitrechnung Flüchtlinge aus dem Nahen Osten eingewandert. Den Pharaonen waren diese Migranten durchaus willkommen, denn sie brauchten billige Arbeitskräfte für ihre pompösen Bauvorhaben, vor allem bei dem Großprojekt »Ramsesstadt« im östlichen Nildelta. Ähnliche Praktiken erleben wir auch heute: kaum oder miserabel bezahlte Arbeitskräfte für die immer aufwendigeren Sportstätten in Sotchi, Rio oder Katar, für Riesenbauten in Dubai oder für Großflughäfen wie in Berlin. Zusätzlich zu den Einwanderern wurden für Ägypten noch Fremd- und Zwangsarbeiter aus den im Sinai lebenden Nomadenstämmen rekrutiert. Diese bildeten eine Art »Parallelgesellschaft« und waren nicht bereit, sich gesellschaftlich und religiös in den Staat integrieren zu lassen.

Das stetige Anwachsen dieser Bevölkerungsteile wurde von den Ägyptern mit Misstrauen beobachtet und führte zu Unterdrückungsmaßnahmen. Immer wieder kam es zu handgreiflichen Auseinandersetzungen und zu Aufständen. Ein Haupträdelsführer des Widerstands war ein intelligenter Hebräer mit einem ägyptischen Namen: Mose. Die Bibel erzählt von ihm, dass er einen Aufseher getötet habe, weil der einen hebräischen Arbeiter erschlagen hatte (Ex 2, 11-22). Um der Verhaftung zu entgehen, floh er auf die Halbinsel Sinai, in das Gebiet der Schasu-Beduinen. Dort blieb er einige Jahre und lernte dabei auch den Stammesgott dieser Nomaden kennen, »Jahwe«.

In der Hoffnung, dass der Mord an dem ägyptischen Aufseher inzwischen vergessen sei, kehrte Mose nach einiger Zeit zu seinen Landsleuten ins Nildelta zurück und warb unter ihnen für eine Flucht aus Ägypten. Lieber sollten sie in materiell ungesicherter Freiheit leben als in materiell gesicherter Unfreiheit. Eine Handvoll mutiger Männer und Frauen ließ sich auf das riskante Unternehmen ein. Der waghalsige »Exodus« durch die Sumpfgebiete zwischen Mittelmeer und Rotem Meer und über die scharf bewachte ägyptische Grenze gelang – wider Erwarten. Ein Wunder, bei dem nach Überzeugung des Mose und seiner Gesinnungsgenossen wohl auch der Stammesgott Jahwe seine Hand im Spiel gehabt hatte, der damit nicht nur seine Macht und Größe, sondern auch seine Sympathie für Freiheit und Gerechtigkeit offenbarte.

In die angeblich vierzig Jahre dauernde Zeit der Wanderung durch die Sinaihalbinsel verorten die Schriften des Alten Testaments die »Offenbarung« der Zehn Gebote (Ex 19 f.; Dtn 5). Sie beruhen auf uralten Erfahrungen über ein geregeltes und gedeihliches menschliches Zusammenleben und lassen sich in ähnlicher Form zuvor schon im Alten Ägypten und in Mesopotamien finden.

Die Mose-Gruppe, möglicherweise verstärkt durch nachwandernde Beduinenstämme, ließ sich in unbesiedelten Gebieten der heutigen Staaten Israel und Palästina nieder und vermischte sich allmählich mit der einheimischen Bevölkerung. Die in den Schriften des Alten Testaments erwähnten blutrünstigen Eroberungskriege sind zumeist spätere Kriegspropaganda. So war die Stadt Jericho, deren spektakuläre Einnahme breit ausgemalt wird, schon hundert Jahre zuvor durch einen Brand zerstört und nicht wieder aufgebaut worden. Als die Hebräer unter der Führung des Mose-Nachfolgers Josua dorthin kamen, war der Ort nur noch ein unbewohnter Ruinenhügel. Ähnliches gilt für mehrere Städte, die nach dem biblischen Buch Josua von den Einwanderern erobert und zerstört wurden.

In der allmählich zusammenwachsenden Bevölkerung, die offenbar dominiert wurde von Mitgliedern oder Nachfahren der Exodus-Gruppe, hielt sich die Erinnerung an die geglückte Flucht aus dem »Sklavenhaus Ägypten« lebendig: Sie hatten »ihren« Gott Jahwe erlebt als befreienden, für Schwache und Unterdrückte sich als hilfreich erweisenden Gott: »Ich bin Jahwe, dein Gott, der dich aus Ägypten herausgeführt hat, aus dem Sklavenhaus« (Ex 20, 2). Freiheit und Gerechtigkeit wurden zu einer Art Leitmotiv für diese Menschen.

Jahwe, der Gott Israels, wird erfahren als befreiende, fürsorgende Macht. Er verhilft den Schwachen und Unterdrückten zu Recht und Gerechtigkeit.

Das alte Israel – Wie das Volk Israel entstand

Doch das Menschlich-Allzumenschliche machte sich im Laufe der Zeit auch hier bemerkbar.

Die Könige

Manche Anführer des Volkes spielten sich wie kleine Pharaonen auf. In den ersten beiden Jahrhunderten nach der Einwanderung aus Ägypten fungierten sie noch als »Richter«, als eine Art charismatischer Führerpersönlichkeiten, deren Aufgabe vornehmlich darin bestand, die verschiedenen Stämme (traditionell: zwölf) im Inneren zusammenzuhalten und Angriffe von außen abzuwehren. Aber schon um 1000 v. Chr. ließ sich Saul, der Stammesfürst von Juda, hochtrabend zum »König« salben. Sein Nachfolger wurde der legendenumwobene David. Dessen »Hauptstadt« Jerusalem hatte allerdings kaum mehr als 1500 Einwohner. Und auch das durch ihn angeblich gegründete (und vom heutigen orthodoxen und ultraorthodoxen Judentum gern beschworene) »Großreich« dürfte es, da archäologische Nachweise hierfür fehlen, in dieser Ausdehnung nicht gegeben haben. Dennoch wird die Zeit Davids und seines Sohnes Salomo als glanzvoller Höhepunkt der »Königszeit« beschrieben, was freilich aus kritisch-historischer Perspektive eher als interessengeleitete Mythenproduktion zu bewerten ist.

Allerdings: Schon damals wurde an der Herrschaftspraxis deutliche Kritik laut. Als David sich die Frau eines seiner Feldherrn zu eigen machen wollte, schickte er den braven Untertan an die Front und ließ ihn dort den »Heldentod« sterben. Jetzt konnte David problemlos die Ehe eingehen – wie er meinte. Doch da trat ihm ein mutiger Mann, ein Prophet namens Natan, entgegen und erzählte dem König ein einfaches

Märchen: »Es war einmal ein reicher Mann, der hatte viele Schafe und Rinder. Aber er wollte unbedingt obendrein noch das einzige Lämmchen eines armen Mannes haben und ließ es ihm einfach wegnehmen. – Dieser reiche Mann bist du.« David begriff, was der Prophet ihm sagen wollte, und tat Buße (2 Sam 12).

Ein anderer kritischer Text ist uns in der so genannten Jotam-Fabel überliefert: Keiner der drei Fruchtbäume (Ölbaum, Feigenbaum, Weinstock) traut es sich zu, die Königswürde anzunehmen; daraufhin fragen sie den Dornbusch. Er gibt sich als »Beschützer« und »Schattenspender« aus und lässt sich wählen (Richter 9, 7-21). Nach Martin Buber handelt es sich hier um die »stärkste antimonarchische Dichtung der Weltliteratur«.

Die innerisraelitische Kritik am Königtum zeigt: Kein Mensch darf sich über andere erheben und sie zu seinen Zwecken missbrauchen.

Der Tempel und sein Personal

Der erste Jerusalemer Tempel ist nach biblischer Darstellung von Salomo gebaut worden. Archäologen nehmen allerdings an, dass dieser Tempel genauso wie die »salomonischen« Paläste erst etwa zweihundert Jahre nach der Herrschaft Salomos, also im

8. Jahrhundert v. Chr., errichtet wurde. Schon 200 Jahre später wurde dieser Tempel wie die gesamte Stadt Jerusalem bei der Eroberung durch die Babylonier zerstört. Nach dem sogenannten »Babylonischen Exil« (538 v. Chr.) wurde ein zweiter Tempel errichtet. Kurz vor der Zeitenwende begann Herodes, ihn grundlegend umzubauen. Doch auch dieser Tempel fiel bei der Niederschlagung des Aufstands gegen die Römer im Jahr 70 n. Chr. in Schutt und Asche. Einzig die Westmauer, die »Klagemauer«, blieb bis heute erhalten.

Zum Tempel gehörte ein entsprechendes Kultpersonal, das die Opferriten zu vollziehen hatte. Es gab Schlacht-, Heils- und Mahlopfer. An den großen Festen wurden Hunderte von Opfertieren – Rinder, Schafe, Widder und Tauben – geschlachtet. Der ganze Tempel war dann erfüllt vom Angstgebrüll der Opfertiere und vom Gestank der Exkremente.

Bald hagelte es von Seiten der Propheten deutliche Kritik am Bau selbst, an seinem Personal und am Kult. »So spricht der Herr: Der Himmel ist mein Thron und die Erde der Schemel meiner Füße! Was ist denn das für ein Haus, das ihr mir bauen könntet? Wer einen Stier schlachtet, gleicht dem, der einen Mann erschlägt; wer Weihrauch anzündet, gleicht dem, der Götzen verehrt« (Jes 66, 1-3). »Liebe will ich, nicht Schlachtopfer, Gotteserkenntnis statt Brandopfer«

(Hosea 5, 6; 6, 6). »Ich hasse eure Feste, ich verabscheue sie und kann eure Feiern nicht riechen. Wenn ihr mir Brandopfer darbringt, ich habe kein Gefallen an euren Gaben. Weg mit dem Lärm deiner Lieder! Dein Harfenspiel will ich nicht hören, sondern das Recht ströme wie Wasser, die Gerechtigkeit wie ein nie versiegender Bach« (Amos 5, 21-24). »Wenn ihr noch so viel betet, ich höre es nicht. Eure Hände sind voller Blut ... Lernt, Gutes zu tun! Sorgt für das Recht, helft den Unterdrückten! Verschafft den Waisen Recht, tretet ein für die Witwen!« (Jes 1, 15-17) Tempel und Kult sind keine religiösen Selbstsicherungspraktiken: »Vertraut nicht auf die trügerischen Worte: Der Tempel des Herrn, der Tempel des Herrn, der Tempel des Herrn ist hier! Denn nur wenn ihr euer Verhalten und euer Tun von Grund auf bessert, wenn ihr gerecht entscheidet, wenn ihr die Fremden, die Waisen und Witwen nicht unterdrückt, dann will ich bei euch wohnen« (Jer 7, 4-7).

Der »Blick nach oben« darf nicht den Blick für die Bedürfnisse der Mitmenschen ersetzen. Religion und Mitmenschlichkeit gehören zusammen. Gottesdienst ist Menschendienst.

Die Gesellschaftsordnung

In der Kritik am Tempel und seinem Personal wird eine Analogie zwischen Kult- und Gesellschaftsordnung erkennbar. Skrupellose Machos suchten in einer patriarchalischen Gesellschaftsordnung ihre eigenen Vorteile, vermehrten ihren Grundbesitz, häuften Reichtümer an und begannen sich als »Herrenmenschen« aufzuspielen. Aber die Verehrung eines freiheits- und gerechtigkeitsliebenden Gottes und die lebendig gehaltene Erinnerung an den Aufbruch aus ägyptischer Unterdrückung und Sklaverei setzten sich immer wieder durch. Mutige Männer erhoben ihre Stimme und beanspruchten, im Namen Gottes zu sprechen. Manche zahlten dafür mit der Verbannung, mit Folter oder sogar mit dem Tod.

Ein Schlüsseltext für die Gesellschaftskritik ist das »Weinberglied«: »Der Herr geht ins Gericht mit den Ältesten und den Fürsten seines Volkes. Ihr habt den Weinberg geplündert, eure Häuser sind voll von dem, was ihr den Armen geraubt habt ... Er (Jahwe) hoffte auf Rechtsspruch – doch siehe da: Rechtsbruch, und auf Gerechtigkeit – doch siehe da: Der Rechtlose schreit« (Jes 3, 14; 5, 7).

Doch bei aller im prophetischen Schrifttum enthaltenen Gesellschaftskritik sind die Propheten keine Sozialreformer, die ein bestimmtes politisches oder soziales Programm verfolgen. Sie fühlen sich vor allem als Botschafter eines freiheitsliebenden, gerechten Gottes und erwarten letztlich alles von seinem Eingreifen.

Die Propheten fordern Freiheit, Gerechtigkeit und Solidarität. Sie wenden sich entschieden gegen alles unsoziale Verhalten, gegen Rechtsbruch, Luxus und Verschwendung.

Die Friedenspolitik

Einige der Propheten mahnen eine umfassende Friedenspolitik an. Bekannt und von historischer Bedeutung ist das von den Propheten Jesaja und Micha proklamierte Bild vom Umschmieden der Schwerter zu Pflugscharen und der Lanzen zu Winzermessern (Mi 4, 3; Jes 2, 4). In faszinierender poetischer Sprache entwirft Jesaja die grandiose Vision vom kommenden messianischen Friedensreich: Der kommende Heilsbringer, der Messias, »richtet nicht nach dem Augenschein, und nicht nur nach dem Hörensagen entscheidet er, sondern er richtet die Hilflosen gerecht; und entscheidet für die Armen des Landes, wie es recht ist. Er schlägt den Gewalttätigen mit dem Stock seines Wortes und tötet den Schuldigen mit dem Hauch seines Mundes. Gerechtigkeit ist der Gürtel um seine

Hüften, Treue der Gürtel um seinen Leib. Dann wohnt der Wolf beim Lamm, der Panther liegt beim Böcklein, Kalb und Löwe weiden zusammen, ein kleiner Knabe kann sie hüten. Kuh und Bärin freunden sich an, ihre Jungen liegen beieinander. Der Löwe frisst Stroh wie das Rind. Der Säugling spielt vor dem Schlupfloch der Natter, das Kind steckt seine Hand in die Höhle der Schlange. Man tut nichts Böses mehr und begeht kein Verbrechen auf meinem ganzen heiligen Berg. Denn das Land ist erfüllt von der Erkenntnis des Herrn, so wie das Meer mit Wasser gefüllt ist« (Jes 11, 3-9).

Die Utopie vom universalen Frieden ist das Leitmotiv prophetischer Rede.

II. Eine einmalige Gestalt bewirkt Bahnbrechendes

Als bedeutendster und zugleich letzter Prophet im alten Israel darf Jesus von Nazaret gelten. Er ist geboren um 6 oder 7 vor der Zeitenwende in dem bis dahin völlig unbekannten Nazaret in Galiläa. Das Land war von den Römern besetzt. Die jüdische Bevölkerung durfte ihre inneren Angelegenheiten aber weitgehend selbst regeln. Im Volk gärten freilich alle Varianten der Obstruktion zwischen passivem Widerstand und bewaffneter Rebellion. Man hoffte auf eine Wiederherstellung des legendären Königreichs Davids. Im Jahr 37 vor der Zeitenwende wurde Herodes von der römischen Besatzungsmacht als König von Judäa eingesetzt. Seine Regierungszeit zeichnete sich durch eine glanzvolle Bautätigkeit aus. In Jerusalem ließ er die Burg Antonia und den Königspalast errichten und begann eine großzügige Erneuerung des Tempels.

Die Eltern des Propheten Jesus hießen Josef und Maria. Jesus hatte mehrere Geschwister. Sein Vater war Bauhandwerker. Auch er selbst übte diesen Beruf bis etwa zu seinem dreißigsten Lebensjahr aus. Dann gab er aus unbekannten Gründen seinen Beruf auf und begann ein Leben als Wanderprediger.

Über die Einzelheiten seines öffentlichen Auftretens erzählen zwar die Evangelien eine ganze Menge. Die Frage nach der historischen Zuverlässigkeit des Berichteten ist allerdings schwer zu beantworten. Denn die Schriften sind zwischen 70 und 100 entstanden, also vierzig bis siebzig Jahre nach dem Wirken Jesu. Sie sind nicht von Augenzeugen geschrieben, sondern von Männern, die aus zweiter oder dritter Hand von den Ereignissen Kenntnis besaßen. Sie sind in Gemeinden entstanden, die an die Gegenwart des auferweckten Jesus glaubten und die darum manche Reden und Taten Jesu so formulierten, als seien diese an sie selbst gerichtet, als gingen sie auf ihre Probleme ein, als hätten sie Menschen aus ihren Reihen zu Adressaten. Insofern dienen die Schriften der Verkündigung für Anhänger und Interessierte.

Gleich zu Beginn seiner Tätigkeit schart Jesus einige Freunde um sich, die ihn ständig begleiten und zu denen bald wohl auch einige Frauen zählen. Mit ihnen zieht er vermutlich zwei oder drei Jahre in Galiläa umher. Von Jesus muss eine unwiderstehliche Anziehungskraft auf viele seiner Zeitgenossen ausgegangen sein. Vor allem sein Wort scheint die Menschen fasziniert zu haben. Die synoptischen Evangelien spiegeln noch etwas davon wider.

Das Reich Gottes

Das Grundanliegen der Botschaft Jesu fasst der Evangelist Markus so zusammen: »Die Zeit ist erfüllt, das Reich Gottes ist nahe. Wagt ein Umdenken und vertraut euch meiner froh machenden Botschaft an!« (Mk 1, 15) Auffällig: Den Anbruch dieses »Reiches« verknüpft Jesus mit seiner Person, seinem Wort und seinem Handeln.

Was mit »Reich Gottes« gemeint ist, lässt sich nur umschreiben:

- die Nähe Gottes selbst, und zwar eine den Menschen annehmende, vergebende und aufrichtende Nähe;
- Heilung des Menschen von allem, was ihn hindert, Mensch zu sein: Befreiung von Krankheiten, von inhumanen, entmenschlichenden Mächten, von Mutlosigkeit, von der Unfähigkeit zur Kommunikation und schließlich von der quälenden Sorge um das Morgen;
- ein neues Verhalten der Menschen zueinander: das Ende allen ungerechten Umgangs mit anderen, Barmherzigkeit statt Gewalt, Vergeben statt Durchsetzung des Rechtes um jeden Preis, Dienen statt Herrschen, Zusammenführung bislang Verfeindeter, Friede, der aus Versöhnung erwächst. Kurzum: Liebe

als Weg, auf dem die Verwandlung der Welt geschieht.

Dieses »Reich« verlangt ein radikales Umdenken: Gebt euch nicht mit dem »bewährten Alten«, mit der »geheiligten Tradition« zufrieden! Hinterfragt das angeblich Selbstverständliche!

Damit nicht genug: Aus dem Um*denken* muss ein Um*kehren* werden, wie es schon die alttestamentlichen Propheten gefordert hatten. Macht eine radikale Kehrtwende! Schlagt eine andere, neue Richtung ein! Wandelt euch in eurem ganzen Menschsein, im Denken *und* Fühlen, im Reden *und* Tun.

Das »Reich Gottes« kommt im heilenden und befreienden Handeln von Menschen an Menschen, Tieren und Pflanzen zur Wirkung. Es fordert die Abkehr von egozentrischem Verhalten und Handeln und die Hinwendung zu rücksichtsvollem Tun, besonders gegenüber Schwachen, Armen und Bedürftigen.

Die Gleichnisse

Jesus formuliert klar und treffsicher, kommt ohne Umschweife zur Sache, besitzt eine scharfe Beobachtungsgabe und ungekünstelte Wirklichkeitsnähe.

Seine Gleichnisse wollen provozieren zu eigenem Entdecken und zum Transfer auf das eigene Leben und die eigene Situation. Sie laden zu kritischem Mitdenken und situationsgerechtem Handeln ein. Sie sind an Suchende und Hörende gerichtet. Sie bringen die keineswegs alltägliche Wirklichkeit der Gottesherrschaft in die oft allzu alltägliche Wirklichkeit der Adressaten hinein. Ihre vornehmlichen Themen sind Gott und sein Handeln; der Mensch, sein Verhalten, sein Ziel; das Volk Gottes; Satan, Sünde, Tod und Gericht; Auferstehung und Heil. Die Gleichnisse erzählen von Gott und seiner Gerechtigkeit, indem sie von Menschen und ihrer Gerechtigkeit (oder auch Ungerechtigkeit) sprechen. Sie öffnen die Augen für die Welt Gottes, indem sie den Blick auf den Alltag und die Umwelt des Menschen richten. Sie verweisen auf die Güte und Barmherzigkeit, die Liebe und Treue Gottes, indem sie das Augenmerk auf die Güte und Barmherzigkeit, die Liebe und Treue der Menschen lenken. Gott und Welt, Schöpfer und Geschöpf werden in eine Wechselbeziehung gebracht.

Einprägsam und schockierend zugleich sind die Bildworte vom Kamel, das eher durch ein Nadelöhr geht als ein Wohlhabender ins Himmelreich (Mk 10, 25), vom Auge, das man ausreißen soll, wenn es verführt (Mt 5, 29), vom Splitter im Auge des Bruders und dem Balken im eigenen Auge (Mt 7, 4), vom Fasten mit fröhlichem Gesicht (Mt 6, 17). Provozierend und entlarvend die Kritik am Frömmigkeitsverhalten mancher seiner Zeitgenossen: »Mose hat gesagt: ›Ehre deinen Vater und deine Mutter‹, und: ›Wer Vater oder Mutter flucht, soll des Todes sterben‹. Ihr aber sagt: Wenn jemand zu Vater oder Mutter spricht: ›Was dir von mir zugute kommen sollte, soll Opfergabe (im Tempel) sein‹, so lasst ihr ihn für seinen Vater oder seine Mutter nichts mehr tun und macht damit das Wort Gottes ungültig durch eure Überlieferung« (Mk 7, 10-13). Die Gleichnisse vom Barmherzigen Samariter (Lk 10, 25-37), vom verlorenen Schaf, das gesucht wird (Lk 15, 3-7), oder vom barmherzigen Vater (Lk 15, 11-32) haben ihren Niederschlag auch im profanen Bereich erfahren (vgl. Strafandrohung bei unterlassener Hilfeleistung § 323c BGB; Arbeiter-Samariter-Bund).

Der Evangelist Matthäus schließt in seinem Evangelium das öffentliche Wirken Jesu mit der Erzählung vom Endgericht ab (Mt 25, 31-46). Der gesamte Text geht wohl in dieser Form nicht auf Jesus zurück, sondern ist vom Evangelisten bearbeitet worden. Einige Exegeten nehmen sogar an, dass die Grundgestalt des Textes auf jüdische Wurzeln zurückgeht und Gott selbst als Richter und als »Bruder der Geringsten« benennt.[2] Bei Matthäus wird der »Menschensohn« als Richter und »Bruder der Geringsten« eingeführt. In jedem Fall fasst der Evangelist in großartiger Weise die Botschaft der Propheten Israels und des Propheten Jesus zusammen: »Was ihr dem Geringsten eurer

Mitmenschen, den (körperlich, geistig oder seelisch) Hungernden, den Durstleidenden, den Fremdlingen, den (körperlich, geistig oder seelisch) Entblößten, den Kranken oder den (innerlich oder äußerlich) gefangen Gehaltenen getan habt (an Gutem oder Schlechtem), das habt ihr mir (Gott/Jesus) getan.«

Gott begegnet man unerwartet überall im Alltag. Ihn erfährt man unverhofft und überraschend in Erfahrungen von Liebe und Geborgenheit, von Zuwendung und Angenommensein. Gott geht nicht im theologischen Begriff auf und lässt sich nicht in menschliche Berechnungen einbringen. Die Gleichnisse machen deutlich, dass die Gestalt, die Art und Weise der Gotteserfahrung oft völlig verschieden ist von der Erwartung der Menschen, auch jener, die meinen, die Wege Gottes und sein innerstes Wesen zu kennen.

Durch seine Gleichnisse ruft Jesus zu verantwortlichem Mit- und Umdenken auf. Er fordert Liebe und Versöhnungsbereitschaft und ihre kreative Anwendung auf die konkrete Situation im Alltag.

Die Bergpredigt

»Die Bergpredigt setzt schon im ersten Satz mit dem ein, was sie ihrem ganzen Wesen nach ist: mit dem vollkommenen Widerspruch zu unserer Welt, wie sie ist. Und doch zugleich mit dem endgültigen Ausdruck dessen, was sie sein soll. In Zuspruch und Widerspruch formuliert dieser Leittext den christlichen Anspruch auf die Welt – als deren vollendete Veränderung. Nun ist aber die Welt, wie sie ist. Hat dies der Bergpredigt die Kraft genommen, nach 2000 Jahren des Christentums? Die Kraft genommen zumal angesichts der Tatsache, dass das Christentum vom Widerspruch der Bergpredigt geprägt ist – und ihr oft genug zuwider gelebt hat? Das Rätsel, man könnte es fast ein Wunder nennen: Kein Text steht so quer zum vermeintlich wirklichen Leben – und trotzdem lässt er die Menschen nicht los.«[3]

Die provokanten Thesen der Bergpredigt (Mt 5-7) widersprechen allen plausiblen menschlichen Erfahrungen und Praktiken. Insbesondere die sogenannten »Seligpreisungen« (Mt 5, 1-12; Lk 6, 17-23) und die »Antithesen« (Versöhnung statt Morden, Selbstüberwindung statt Ehebrechen, Festhalten an der Ehe statt Scheidung, Wahrhaftigkeit statt Schwören, Gewaltverzicht statt Vergeltung, Feindesliebe statt Feindeshass; Mt 5, 21-48) sind eine einzige Herausforderung, eine das normale menschliche Maß übersteigende Zu-Mutung (im Wortsinn: Das mute ich euch zu!).

Die Bergpredigt ist eine ungeheure Provokation und ein »Stachel im Fleisch« für alle Menschen, für Christen und Nichtchristen. Selbst ihre nur ansatzweise Verwirklichung erfordert eine ethische Kraft, die über die übliche Tugendhaftigkeit weit hinausgeht.

Die »Wunder«-Taten

Die Begegnung mit Jesus weckt Vertrauen und ermuntert zum Glauben an die rätselhafte Macht dieses Mannes. Kranke und Elende, Ausgestoßene und gesellschaftlich Geächtete fassen neuen Mut, wenn sie mit ihm zusammentreffen. Die Berührung seiner Hand richtet Gebeugte und Gekrümmte auf. Ein »Zauber der Persönlichkeit« geht von ihm aus und bewirkt Wunderbares.

Jesus selbst betrachtet sich allerdings nicht als Wundertäter. Er sieht in seinem Tun den »Finger Gottes« am Werk, der die Dämonen austreibt (Lk 11, 20). Weil Menschen daran glauben, dass durch ihn Gott selbst handelt, und weil sie dadurch neuen Lebensmut schöpfen, weichen körperliche oder seelische Leiden von ihnen, werden sie von Depression und Resignation, von Isolation und Sprachlosigkeit befreit (vgl. Mk 9, 23; 7, 31-37; Mt 8, 13). Da sie in Jesus einem Menschen begegnen, der nicht auf Distanz zu ihnen geht und sie nicht ablehnt, verschwinden ihre Ängste und Aggressionen (vgl. Lk 7, 36-50; Joh 8, 3-11). Das »Reich Gottes« wird bei ihnen Wirklichkeit.

Die Erzählungen von Krankenheilungen sind ein Aufruf zur Befreiung aus vielfältigen gesellschaftlichen Zwängen. »Blinde«, die ihre Verblendung nicht einsehen wollen, sollen aufgeklärt werden. »Gelähmte«, die in vielfacher Weise belastet und gebeugt sind, sollen den aufrechten Gang wagen. »Gekrümmte«, die unterdrückt und gedemütigt werden, sollen sich emanzipieren und aufstehen zum Widerstand. »Taubstumme«, die sich nicht getrauen, ihre Stimme zu erheben, sollen den Mund aufmachen zur Gegenrede. »Besessene«, die von den Dämonen des Machtstrebens, der Geltungssucht und des Besitzes gefangen gehalten werden, sollen sich davon frei machen. Wer für »tot« gehalten wird oder sich selbst als »tot« ansieht, weil er von der Gesellschaft abgeschrieben ist, soll Anerkennung finden und ein neues Leben beginnen.

Die Tischgemeinschaft

Wiederholt erzählen die Evangelien, dass Jesus mit Menschen unterschiedlicher sozialer Schichten und Gruppierungen Mahl hält – mit seinen engsten Freunden und Vertrauten, mit Leuten, die ihm voller Misstrauen begegnen, mit Ausgestoßenen und Verachteten, mit Orientierung Suchenden und Outcasts. Jedermann und jedefrau sind eingeladen.

Gemeinsames Essen und Trinken begründet Lebensgemeinschaft. Es ist die Sache von Menschen, die als Familie zusammengehören oder die als Freunde miteinander leben und füreinander einstehen wollen. Es kann auch Zeichen der Versöhnung zwischen Entfremdeten und Verfeindeten sein. Jesus deutet die gemeinsamen Mahlzeiten als Gleichnis für die anbrechende neue Welt Gottes, von der niemand ausgeschlossen sein soll.

Kurz vor seinem Tod isst und trinkt er nochmals zusammen mit seinen engsten Freunden. Er sieht darin ein Zeichen seiner über den Tod hinaus andauernden Gemeinschaft. Hier wird am dichtesten erkennbar, was auch die übrigen Mahlgemeinschaften aussagen wollten: Jesus teilt sich selbst mit – »Das ist mein Leib … das ist mein Blut« (Mk 14, 22-25; Mt 26, 26-29; Lk 22, 15-20; 1 Kor 11, 23-26). Und wenn man dem Evangelisten Johannes glauben darf, setzt Jesus mit einer Symbolhandlung noch ein zusätzliches Zeichen für die schon in seinen Mahlgemeinschaften angesagte Überwindung von Grenzen und für seine Hingabebereitschaft. Wie ein Sklave wäscht er seinen Freunden die Füße (Joh 13).

Gottesdienst ist nicht ein Ritual, das eigens dafür bestellte Kultbeamte vollziehen und an dem alle anderen passiv teilnehmen, sondern ein Zusammenkommen im Gedenken an Jesus und seine Botschaft, um sein Wort zu hören, es zu bedenken und um im Hinblick auf das eigene Leben und die Welt von heute Konsequenzen daraus zu ziehen. Es ist gemeinsames Mahlhalten zu »seinem Gedächtnis« und das Teilen des Brotes untereinander und »für alle«.

Der Tod am Kreuz

Es lassen sich nur Vermutungen anstellen, warum Jesus Galiläa verlässt. Ein wesentliches Motiv könnte der wachsende Argwohn seiner Gegner und der relative Misserfolg seiner Mission in Galiläa sein. Angesichts dieser Situation entschließt er sich offenbar, die Flucht nach vorn anzutreten und die Entscheidung in Jerusalem zu suchen. Dabei dürfte ihm das Risiko bewusst gewesen sein, das er mit diesem Schritt einging. Denn es war nicht zu erwarten, dass man ihn dort unbeobachtet ließ. Gegebenenfalls würde man ihn ohne Zögern zu liquidieren suchen.

Während eines Aufenthalts in der Stadt anlässlich des jüdischen Osterfestes wird er unter bis heute nicht geklärten Umständen verhaftet und nach kurzem Prozess vom Repräsentanten der römischen Besatzungsmacht in Judäa, dem Präfekten Pontius Pilatus, zum Tod am Kreuz verurteilt. Die Kreuzigung war eine im Alten Orient und in der Antike verbreitete Hinrichtungsart. Im Römischen Imperium wurden vor allem Nichtrömer und entlaufene oder aufständische Sklaven gekreuzigt. Nach jüdischem Recht gibt es für das Todesurteil keinen zureichenden Grund und keine Rechtsbasis. Es ist eine politisch motivierte Überreaktion der römischen Besatzungsmacht und bestimmter Kreise der Tempelpriesterschaft. Im Interesse der Aufrechterhaltung der öffentlichen Ordnung wird »kurzer Prozess« gemacht mit diesem vermeintlichen Unruhestifter.

Christen sehen im Kreuzestod Jesu die Bekundung der Solidarität Gottes mit den Ausgestoßenen und Verachteten, mit den Ohnmächtigen und Gedemütigten. Es ist die radikale Umwertung aller profanen Werte und der Anfang einer völlig neuen Ordnung.

III. Neue Perspektiven für Solidarität und Gemeinschaft

Mit dem schmachvollen Verbrechertod des Nazareners und der kopflosen Flucht nahezu aller seiner Freunde und Vertrauten endet nach menschlichem Ermessen alles in einer Katastrophe. Die Sache Jesu scheint erledigt zu sein, bevor sie richtig begonnen hat.

Doch da geschieht etwas höchst Merkwürdiges und Unerklärliches. Der winzige Funke, den der junge Wanderprediger von den meisten Menschen völlig unbemerkt in einem abgelegenen Winkel der Erde gezündet hat, entwickelt sich schon nach relativ kurzer Zeit zu einem Flächenbrand. Die Sache Jesu geht weiter – wider alles Erwarten. Sie beginnt jetzt sogar erst richtig.

Die Auferweckung

Das gesamte Neue Testament bezeugt einmütig, dass Jesus »vom Tode erweckt« wurde. Historisch fassbar ist allein die mehrfach belegte Tatsache, dass sich unter den resignierten und in ihrem Glauben an Jesus zutiefst erschütterten Jüngerinnen und Jüngern ziemlich gleichzeitig und unerwartet die Gewissheit ausbreitete: Jesus lebt, Gott hat ihn auferweckt. Einziger aus den Schriften des Neuen Testaments ablesbarer Grund für diesen Glauben und für die sich schlagartig verändernde Situation danach waren »Erscheinungen« des Auferweckten. Vermutlich handelte es sich hierbei um Visionen oder Halluzinationen, wie sie von Psychologen bei schweren, krisenhaften Lebensereignissen beobachtet und beschrieben werden – etwa beim Verlust einer nahestehenden Person, bei schwerer Krankheit oder bei Kriegserlebnissen. »Halluzinationen können so als eine intrapsychische Bewältigungsform stressreicher Ereignisse verstanden werden« – im Fall der Ostererscheinungen als »intrapsychischer Bewältigungsmechanismus eines durch den Tod Jesu als kritisches Lebensereignis [...] ausgelösten Bewältigungsprozesses«.[4]

Der christliche Glaube an die Auferweckung Jesu ist der Weckruf zum Widerstand gegen Lebensverneinung und Tod. Wo Leben behindert, zerstört oder verachtet wird, sind Christen aufgerufen, sich einzusetzen für den Schutz des Lebens, für die Sicherung der Lebensqualität und für die Lebensentfaltung, damit

Menschen frei atmen, aufrecht gehen und ihr Leben selbstständig bestimmen können. – Der Glaube an die Auferweckung schärft das Auge für Unrechts- und Unterdrückungsmechanismen, für Diskriminierung und Machtmissbrauch; und er ermutigt zum Eintreten für die Menschenrechte und zur Achtung vor der Würde des Menschen.

Die ersten Gemeinden

Jene Menschen, die Jesus nachgefolgt sind, verstanden sich als eine Gemeinschaft, in deren Mitte der Auferweckte gegenwärtig ist. Die christliche Gemeinde mit ihrem vielfältigen sozialen und karitativen Engagement war bemüht, sich als personifizierte Veranschaulichung des vielfältigen Heilswirkens Jesu darzustellen.

In erstaunlicher Geschwindigkeit verbreitete sich der »neue Weg« (Apg 22, 4) im gesamten Römischen Imperium. Eine wesentliche Rolle spielte dabei ein Mann, der Jesus nie persönlich kennengelernt hatte – Paulus. Er war ein Jude aus dem Griechisch sprechenden Kleinasien und fand durch ein Bekehrungserlebnis, bei dem ihm der Auferweckte »erschienen« war, zur christlichen Gemeinde (Gal 1, 15; Apg 9). Über den Umweg der frühen Gemeinden in Damaskus und Antiochien, die multikulturell und liberal dachten und handelten, kam er in Kontakt und zur Auseinandersetzung mit der Jerusalemer Ursprungsgemeinde der Christen. Dieser Konflikt zwischen den Judenchristen mit orthodox-israelischer Orientierung und den Judenchristen mit griechisch-römischer Kulturprägung, die auch Nichtjuden durch Taufe in die Gemeinde aufnahmen, zieht sich durch das ganze Neue Testament. Dem bewundernswerten und auch physisch höchst strapaziösen Einsatz von Paulus und seinen Anhängern ist es schließlich ganz wesentlich zu verdanken, dass sich das Christentum in der heutigen Türkei, in Griechenland und Rom ausbreitete. Auch zahllose unbekannte Kaufleute und Militärs sorgten in Ägypten, Nordafrika und Rom für die Verkündigung der Botschaft Jesu.

Im Gefolge der schon in der Geschichte des alten Volkes Israel grundgelegten Freiheits- und Befreiungsbewegung sahen die jungen Gemeinden ihre Aufgabe darin, soziale Schranken aufzuheben und die Grenzen zwischen Arm und Reich, zwischen Herr und Knecht, zwischen Juden und Nichtjuden, zwischen Freien und Sklaven zu überwinden. Die bisherige Gesellschafts- und Lebensordnung wurde geradezu auf den Kopf gestellt. »Das Törichte, das Schwache, das Niedrige und das Verachtete, das, was nichts ist, hat Gott erwählt, um das, was etwas ist, zu vernichten« (1 Kor 1, 27 f.). Die Rollen sind jetzt vertauscht: »Wer im Herrn als Sklave berufen wurde, ist Freigelassener des Herrn. Ebenso ist einer, der als Freier berufen wurde, Sklave Christi« (1 Kor 7, 22). Freilich konnte das frühe Christentum angesichts seiner zahlenmäßigen Unterlegenheit und des daraus sich ergebenden Mangels an politischer und sozialer Durchsetzungsfähigkeit eine generelle Freilassung der Sklaven nicht zum Programm erheben. Bemerkenswert ist leider, dass sogenannte christliche Nationen wie Spanien, Portugal, Frankreich, England und die USA bis ins 19. Jahrhundert noch an der wirtschaftlich einträglichen Sklaverei festhielten. Damals bedeutete es eine gesellschaftliche Provokation, wenn sich zum Abendmahl, zum gemeinsamen Essen und Trinken, Freie und Sklaven miteinander an einen Tisch setzten (1 Kor 11, 17-22). Paulus legte Wert darauf, dass sich jedes Gemeindemitglied am Aufbau der Gemeinde beteiligen und im Leben der Gemeinde wiederfinden konnte (vgl. 1 Kor 12, 28).

Auch im Hinblick auf die Stellung der Frau zeigt die Urgemeinde emanzipatorische Impulse. So wie Jesus zahlreiche Frauen in seinem Gefolge hatte (Lk 8, 2-3; Mk 15, 40 f.), waren Frauen am Aufbau der Gemeinden in vielfältiger Weise beteiligt. Die christliche Gemeinde versteht sich als eine Gemeinde von Schwestern und Brüdern. Nicht Väterlichkeit und Mütterlichkeit sind Leitbild der Autorität und des Zusammenlebens, sondern Brüderlichkeit oder – richtiger und besser – Geschwisterlichkeit. »Es gibt nicht mehr Juden und Griechen, nicht Sklaven und Freie, nicht Mann und Frau: Ihr alle seid ›einer‹ in Christus« (Gal 3, 28). Dass Frauen auch die Leitung des Abendmahls übernahmen, war wohl selbstverständlich, zumal wenn die Versammlung im Haus einer Frau, vielleicht einer wohlhabenden Witwe, stattfand – eine in der römisch-katholischen und orthodoxen Kirche abgebrochene und bis heute verbotene Tradition.

Allerdings darf man das Bild der urchristlichen Gemeinden nicht allzu ideal zeichnen. Angehörige der Oberschicht fanden nur selten Zugang zu den Gemeinden. Ein Drittel (oder mehr) der Gemeinde von Korinth dürften gegen Ende des ersten Jahrhunderts Sklaven gewesen sein, »Schmuddelkinder« der Gesellschaft. Paulus selber muss einräumen, dass »nicht viele« Weise, Mächtige und Angehörige der Elitefamilien in den Gemeinden anzutreffen seien (1 Kor 1, 26). Die Struktur der Gemeinden kann charakterisiert werden als »Liebespatriarchalismus«.[5] Außenstehende mögen das Christentum als eine Art »Kontrastgesellschaft« empfunden haben.

Es konnte nicht ausbleiben, dass in einer so geschichteten Gemeinde Spannungen auftraten. Da gab es Parteiungen, unter denen »Zank und Streit« herrschten (1 Kor 1, 10-16). Nicht immer entsprach die Lebenswirklichkeit den vorgegebenen hohen Idealen des »Befreiers« Jesus (vgl. 1 Kor 10). Paulus musste in den von ihm gegründeten Gemeinden eingreifen. Er tat es mit »Hirtenbriefen«. Aber nicht »von oben herab« dekretierend, sondern argumentierend. Dabei pocht er auf keine wie immer geartete »Amtsautorität«. Er will Vorbild für die Gemeinde sein, nicht Herrscher über sie (1 Kor 4, 16).

Die Gemeinden wussten sich dem Beispiel Jesu verpflichtet. Sie wollten die Heilszeichen der Nähe Gottes, wie sie Jesus gegeben hatte, in ihrem eigenen Handeln fortsetzen. Doch Jesus hatte keine schriftlichen Anweisungen dafür hinterlassen. So waren sie genötigt, selbst nach symbolträchtigen Handlungen zu suchen, die als »Zeichen der Nähe Gottes« verstanden werden konnten. Als »Initiationsritus« für die Aufnahme in die Christengemeinde begann sich die Taufe durchzusetzen. Vermutlich haben die Johannestaufe am Jordan und die Tatsache, dass Jesus selbst sich von dem Bußprediger hatte taufen lassen, für die junge christliche Gemeinde den Anlass geboten, auf diese Symbolhandlung zurückzugreifen – als sichtbares und auch für Außenstehende erkennbares Zeichen der Bereitschaft, sich der Botschaft und dem Heilshandeln Jesu anzuschließen. Die Symbolik (Ablegen der alten Kleidung, Untergetaucht-Werden, Wiederauftauchen, Bekleidet-Werden mit einem neuen, weißen Gewand) verweist auf das Sterben des »alten Menschen« und das Auferstehen als »neuer Mensch«, der nun im weißen, fleckenlosen Gewand ein Leben der Nachfolge Christi beginnt (vgl. Kol 3,10).

Zunächst nahmen die jüdischen Mitglieder der Jerusalemer Christengemeinde zusammen mit den Juden, die sich Jesus nicht angeschlossen hatten, am Tempelgottesdienst teil und trafen sich als eigene Gruppe nur zur Feier des Abendmahls, zum »Brotbrechen«, in ihren Häusern (vgl. Apg 2, 46). Als bald auch Nichtjuden sich der Gemeinde anschlossen, konnte diese Praxis nicht mehr beibehalten werden, weil »Unbeschnittenen« der Zutritt zum Tempel verwehrt war. Zwischen konservativen und liberalen Juden-Christen sowie Heiden-Christen kam es zu Spannungen, die nach heftigem Streit auf dem sogenannten Apostelkonvent gelöst wurden. Grundsätzlich wurde beschlossen, »den Heiden, die sich zu Gott bekehren, keine weiteren Lasten aufzubürden« (vgl. Apg 15, 1-35).

Für die Leitungsstruktur der christlichen Gemeinden wurde zumeist das jüdische Modell der »Ältesten«, der »Presbyter« (vgl. Apg 11, 30; 15, 2.4.6 u. a.), übernommen. Paulus orientierte sich für seine griechischen Christengemeinden eher am profanen griechischen Vorbild der Gemeindeleitung durch »Aufseher«, »epíscopoi« (vgl. Phil 1, 1).

Weitere Probleme ergaben sich mit dem Eintritt des Christentums in die griechische Welt. Denn da musste Rücksicht genommen werden auf die dort herrschenden Denk- und Handlungsgewohnheiten. Das verlangte ein zum Teil ganz erhebliches Umdeuten der Gestalt Jesu mit der Tendenz, ihn immer näher an die Seite Gottes zu rücken.

Die frühen christlichen Gemeinden praktizierten in gewisser Weise eine »neue Gesellschaftsordnung« – teilweise sogar mit Gütergemeinschaft. Sie versuchten, einen »Liebespatriarchalismus« zu leben, eine Art von »klassenloser Gesellschaft«. Ihr Gottesdienst war das schlichte gemeinsame Abendmahl nach dem Vorbild Jesu. Ihre Leitungsstrukturen orientierten sich an jüdischen und profanen Vorgaben. Ihr Aufnahmeritus war die Taufe auf den Namen Jesu.

Legendenbildung

In den christlichen Gemeinden begannen sich bald Legenden um das Leben des Mannes aus Nazaret zu ranken. Dichtung und Wahrheit, Wunsch und Wirklichkeit gingen dabei ineinander über.

Die Kindheit

Weil man über die ersten Lebensjahre Jesu so gut wie nichts Verlässliches wusste, projizierte man die Grundzüge seines Erwachsenenlebens in die Kindheit hinein. Das war so Brauch bei den Größen der Antike, um ihre Bedeutung zu veranschaulichen. So weiß die Mutter Jesu schon von vornherein, dass dieses Kind einmal die Mächtigen vom Thron stürzen und die Erniedrigten erhöhen wird, dass es die Hungernden beschenkt und die Reichen leer ausgehen lässt (Lk 1, 52 f.). Betlehem, die Geburtsstadt der Licht- und Heroengestalt des alten Israels, des Königs David, wird anstelle des unbekannten Nazaret zum Geburtsort Jesu, des »Sohnes Davids«, erhoben. Die Engel verkünden Jesus als den universalen Friedensbringer – nicht Kaiser Augustus, dem zu Ehren in Rom die noch heute zu bewundernde »Ara Pacis Augustae«, der »Altar des Friedens des Augustus«, errichtet wurde. Die Empfänger dieser Engelsbotschaft sind nicht die Mächtigen und die Reichen dieser Welt, sondern die ohnmächtigen, armen Hirten. Das Kind wird nicht im vornehmen Palast geboren, sondern draußen, im Stall, in einer Krippe. Auf ein Zeichen, das ihnen von einem Wunderstern gegeben wird, eilen sogar die Hochangesehenen und Gebildeten zum neugeborenen König, um ihm zu huldigen. Doch schließlich siegt die Gewalt; nur mit knapper Not können sich die jungen Eltern mit ihrem Kind nach Ägypten retten. Und von dort darf dann Jesus nach dem Tod des Herodes wie ein neuer Mose »in das Land Israel« zurückkehren (Mt 2; Lk 2).

Die Wunder

Auch jene Heilungen und merkwürdigen Ereignisse, die im Zusammenhang mit dem Auftreten Jesu geschahen, werden teilweise ins Märchenhafte gesteigert. So sprechen Markus und Lukas in ihrer Darstellung der wunderbaren Speisung »nur« von »5000 Männern«. Matthäus setzt noch eins drauf: »... dazu Frauen und Kinder« (Mt 14, 33). Bei Markus und Lukas liegt die Tochter des Synagogenvorstehers im Sterben (Mk 5, 23; Lk 8, 42), bei Matthäus ist sie bereits gestorben (Mt 9, 18).

Einige Evangelisten lassen Jesus sogar auf dem Wasser laufen, um darzustellen, dass er »der Sohn Gottes« ist (Matthäus) und dass er wie Gott den Mächten des Chaos gebieten kann (Mk 6, 45 parr.; Gen 1, 2; Ex 15, 8; Ez 27, 26).

Die Evangelien enthalten höchst komplexe Legenden und Bildgeschichten. Sie können gelesen werden als Anti-Erzählung zu den damals umlaufenden glorio-

sen und fantastischen Legenden über die politischen Größen und als theologische Überhöhung der Gestalt Jesu. In manchen Erzählungen steckt auch herbe Kritik an den gesellschaftlich-sozialen Zuständen der damaligen Zeit. Zudem verbergen sich hinter dem vordergründig Gesagten nicht selten tief verwurzelte anthropologische Einsichten und archetypische Bilder.

Theologische Überhöhung

Alle Menschen, die ihm begegnet waren, hatten gespürt: Dieser Jesus mit seinem ausgeprägten Sendungsbewusstsein und seiner auffällig engen Verbundenheit mit Gott, den er »Abba« nannte, war etwas Besonderes, Einmaliges. Möglicherweise erfuhr Jesus bei seiner Taufe durch Johannes eine besondere Berufung: Gott ist der liebende, ihm in besonderer Weise zugewandte »Vater«; er fühlt sich von ihm wie ein Kind oder ein Sohn angenommen (Mk 1, 9-13 parr.). Es ist denkbar, dass Jesus von diesem Augenblick an geradezu freundschaftlich mit dem verkehrt, den er »Abba«, »lieber Vater«, nennt. Er bespricht im Gebet mit diesem »Abba« seinen Weg. Und er bringt dieses Gottesbild auch seinen Freunden nahe. Im Überschwang der Gefühle meint er, allein den »Vater« richtig zu kennen und zu erkennen (Mt 11, 25-27; Lk 10, 21 f.). Aber er gesteht dennoch, dass auch er als der »Sohn« die Stunde des Weltendes nicht kennt; nur der »Vater« weiß sie (Mk 13, 32). Wegen dieses intensiven Verbundenseins mit Gott konnten vielleicht seine engsten Freunde von ihm sagen: Aus ihm spricht Gott; in ihm wohnt Gott; er stellt mit seinem Leben Gott dar – wie ein Sohn den Vater. Doch nach dem Zeugnis der synoptischen Evangelien hat sich Jesus nirgends selbst als »Sohn Gottes« bezeichnet.

Beim Vordringen des Christentums in den hellenistischen Kulturraum ergab sich für die christliche Verkündigung eine völlig neue Situation. Ging es im Kulturraum des Vorderen Orients und des Judentums darum, bekennend zu erzählen und anschaulich-bildhaft zu deuten, *was* dieser Jesus getan und gelehrt hat, so steht jetzt im Mittelpunkt die Frage, *wer* dieser Mensch eigentlich war, *wer* er wirklich *ist*. Es blieb den christlichen Glaubenszeugen gar keine andere Wahl, als einen Transformationsprozess von der funktional-heilsmittlerisch verstandenen zur metaphysisch-wesenhaft gedeuteten Bezeichnung »Sohn Gottes« in die Wege zu leiten. Die Anwendung des Titels »kýrios« (Herr) auf Jesus (vgl. Phil 2, 11 und öfter) führte darüber hinaus zu wachsendem Misstrauen seitens der Römer, die allein den Kaiser als »kýrios« bezeichneten, und zu zunehmender Distanz des Judentums, das »kýrios« als die griechische Übersetzung von »Jahwe« bzw. »Adonai« verwandte.

Das *physische* Ereignis »Jesus von Nazaret« wurde allmählich hochstilisiert zur *meta*physischen Ikone »Jesus Christus Gottessohn«. Der Gottes Wort verkündigende Wanderprediger aus Nazaret, der »Bruder der Geringsten« (Mt 25, 40 und 45), wurde zum »eingeborenen Sohn Gottes, sitzend zur Rechten des Vaters« (christliches Credo). Diese problematische Blickverengung und Einseitigkeit spiegelt sich bis heute in der »offiziellen« Theologie.

Der verkündigende Jesus wurde hochstilisiert zum verkündigten Christus, der jüdische Wanderprediger zum »Eingeborenen Sohn Gottes«.

IV. Das Erbe wird entstellt

Schon in den ersten Jahren nach dem Tod Jesu hatte sich die Gemeinde »ekklesía« (1 Kor 11, 18; 14, 4 und 19) genannt – Gemeinde Gottes bzw. Jesu Christi, »Gemeinde des Herrn« (griech: »kyriaké ekklesía«). Von Außenstehenden wurden die Anhänger der Botschaft Jesu auch als »Christen« oder als (die vom neuen) »Weg« bezeichnet (Apg 11, 26; 22, 4).

In der Antike

In den ersten drei Jahrhunderten konnte das Christentum im gesamten Römischen Imperium ohne nennenswerte Widerstände erstaunlich schnell Fuß fassen. Besonders attraktiv dürfte auf Außenstehende die Tatsache gewirkt haben, dass die neue religiöse Bewegung für alle Menschen offen war, nicht nur für exklusive Kreise und für Wohlhabende. Organisatorisch lehnten sich die Christen an bestehende Verwaltungsstrukturen an, was den Römern entgegenkam. Hinzu trat die soziale Komponente: Was Staatskulte nicht leisten konnten, wirkten die Christen: Bedürftigen, Kranken und Notleidenden helfen. Zudem besaß das Christentum ein hohes Adaptations- und Integrationspotenzial: Um Angehörige des weit verbreiteten Mithras-Kultes zum Übertritt in das Christentum einzuladen, legten manche römischen Gemeinden das Fest der Geburt Christi, der im Osten aufgegangenen »Sonne«, auf den 25. Dezember. Denn an diesem Tag wurde beim Mithras-Kult das Wintersonnenwendfest gefeiert. Mithras war eine römische Göttergestalt und galt als mythologische Personifizierung der Sonne. Auch der Advent knüpft an römische Praktiken: Im Römischen Reich wurden Ankunft, Anwesenheit oder Besuch von Königen oder Kaisern als »Advent« bezeichnet (»adventus Divi« = Ankunft des göttlichen [Herrschers]).

Erst ab der Mitte des 3. Jahrhunderts wird von Christenverfolgungen berichtet. Dabei lösten Bekennermut und Standhaftigkeit der Märtyrer (griech.: »martys« = Zeuge; »martyrion« = Zeugnis) viel Bewunderung aus und bewirkten im Volk statt der von den Gegnern erhofften Abschreckung eher eine zusätzliche Anziehungskraft.

Im Jahr 311 wird durch Kaiser Konstantin die staatliche Duldung des Christentums verfügt (Mailänder Toleranz-Edikt). Mit dieser »Konstantinischen Wende« beginnt eine sich langsam ausbreitende Sklerose des jesuanisch-prophetischen Erbes. Eine schleichende Entstellung der befreienden Dynamik des Anfangs setzt ein. Das Streben nach Herrschaft und Macht, nach Ansehen und Reichtum, nach Gehorsam und Unterwerfung, nach einem ausgeklügelten Lehrgebäude und nach fixierten (Kirchen-)Gesetzen beginnt vom Christentum Besitz zu ergreifen und sich schleichend breitzumachen.

Kaiser Theodosius erklärt 380 das Christentum zur Staatsreligion. Es hat nun für den »offiziellen« Kultbetrieb zu sorgen. Die Bischöfe avancieren zu Staatsbeamten und kommen in den Genuss jener Privilegien, die bis dahin den heidnischen Oberpriestern vorbehalten waren. So zählte die heute noch von katholischen Bischöfen getragene Mitra bereits bei Würdenträgern im Römischen Imperium zum Ornat. Einen »Hirtenstab« hatten schon die ägyptischen Pharaonen. Die kirchliche »Ordinatio« (= Priesterweihe) erhält die Bedeutung der Eingliederung in den Klerus als dem höheren Stand der christlichen Gemeinde gegenüber dem niederen »gläubigen Volk«, den »Laien«. Für den Priester kommt die lateinische, ursprünglich für die staatlich anerkannten und beauftragten Opferpriester im antiken Rom verwendete Bezeichnung »sacerdos« auf (lat.: der das Heilige gibt). Das Priestertum wird nicht mehr vom Dienst an der Gemeinde, sondern vom Kult, und hier insbesondere von dem zum »heiligen Opfer«, zum »Messopfer« umfunktionierten Abendmahl bestimmt. Nur eigens dafür geweihte, vom »gewöhnlichen« Volk aus- und abgesonderte, »unbefleckt« (= zölibatär) lebende Männer dürfen »in persona Christi« das »Mess-Opfer« darbringen. Die während dieser Jahre grundgelegten Strukturen und Vorstellungen haben das Erscheinungsbild der christlichen, insbesondere der römischen Kirche bis heute geprägt. Angesichts des schwächelnden weströmischen Kaisertums erhebt der römische Bischof immer häufiger und unmissverständlicher den Anspruch auf eine universale kirchliche *und* politische Führungsrolle: Der Kaiser soll dem Papst untertan sein.

In gleicher Weise, wie Macht und Einfluss der römischen Kirche wuchsen, kühlten sich die Beziehungen zu den christlichen Kirchen des Ostens ab. Die Spannungen verschärften sich und gipfelten schließlich im Zerbrechen der kirchlichen Einheit, dem »Morgenländischen Schisma« (1054).

Ab dem 7. Jahrhundert gerieten die östlichen Kirchen unter zunehmenden Druck durch den aufkommenden Islam. Rom rief zum Kreuzzug auf, und die westlichen Kaiser und Fürsten folgten dem Ruf aus politischen und wirtschaftlichen Interessen nur allzu gern. »Gott will es!«, riefen die Kreuzfahrer und zogen sengend und mordend in das Heilige Land, um dort am 15. Juli 1096, einem Freitag, eine große Zahl Muslime in der Al-Aksa-Moschee umzubringen.[6]

Schon beim ersten Kreuzzug war es in Frankreich, Lothringen und in einigen Städten entlang des Rheins zu Judenmassakern gekommen, die später aus anderen Anlässen – »Brunnenvergiftung« oder Epidemien – immer wieder aufflackerten und ihren schrecklichen Höhepunkt im 20. Jahrhundert erreichten.

Als Gegenpol zu diesen unerfreulichen Erscheinungen entwickelt sich in der christlichen Kirche eine Art von öffentlicher Gesundheits- und Daseinsvorsorge, wie sie die antike Welt bisher nicht kannte.

Im Mittelalter

Charakteristisch für das nach dem Ende der römischen Antike beginnende sogenannte »Mittelalter« (ca. 6. bis ca. 15. Jahrhundert) ist eine eigenartige Widersprüchlichkeit:

- Einerseits ist es gekennzeichnet von kirchlichem und weltlichem Absolutismus, von Kreuzzügen und Inquisition, von Unterdrückung der Freiheit des Denkens, von einem gefährlichen Sexismus, von Denunziationen und kollektiven Wahnvorstellungen (Hexenverbrennungen), von der Trennung zwischen (gebildetem) Klerus und (ungebildeten) Laien. – Andererseits gilt es als die Zeit der Dome und Kathedralen, der Großleistungen mönchischer Kultur (Kloster Maulbronn, Insel Reichenau, Buchmalerei, Goldschmiedekunst) und einer Wende zu naturwissenschaftlich-empirischer Forschung.

➤ Einerseits erscheinen die straff hierarchisch organisierte Kirche und das Papsttum als politischer Machtfaktor. – Andererseits stellen die Ordensgründungen und die Armutsbewegungen (Waldenser, Katharer, Bettelorden) eine deutliche Kritik an diesem Machtzuwachs dar und weisen zurück auf die Ursprungssituation des Christentums.

Der Ruf nach einer grundlegenden Reform der Kirche wird immer lauter. Doch die Päpste stellen sich taub. Martin Luther bringt den Stein ins Rollen. Die Reformation erfasst weite Teile Europas. Die von der römischen Kirche eingeleitete »Gegenreformation« (Konzil von Trient, 1545-1563) erschöpft sich im trotzigen Beharren auf dem Althergebrachten und im Festzurren der überkommenen Strukturen. Das ursprüngliche Ziel, eine Verständigung mit den Protestanten, rückt in unerreichbare Ferne.

In der Neuzeit

Im 17. und 18. Jahrhundert hörte das Christentum auf, die selbstverständliche Voraussetzung allen Lebens und Denkens abzugeben. Die »Aufklärung« entstand. Sie hat (nicht nur) das Christentum nachhaltig beeinflusst und ist von den christlichen Kirchen noch keineswegs wirklich ratifiziert worden. Ihr Ziel ist es, die Menschen aus Unwissenheit, Furcht und Abhängigkeit zu befreien. Einbildung soll durch Wissen, Aberglaube durch Verstand besiegt werden. Der Mensch soll den Ausgang aus seiner selbst verschuldeten Unmündigkeit wagen und den Mut haben, sich des eigenen Verstandes zu bedienen.[7] Alle werden dazu aufgerufen, die gegebenen Umstände infrage zu stellen und ihre vielen Pflichten und wenigen Rechte nicht mehr als »gottgewollt« hinzunehmen, sondern sie auf Vernünftigkeit und Erfordernis zu hinterfragen.

Weil »der Despotismus [...] ohne Glauben aus[kommt], die Freiheit nicht«,[8] führen im politischen Bereich die (im Grunde urchristlichen) Gedanken der Aufklärung zur Französischen Revolution mit ihrer Forderung nach »Freiheit, Gleichheit, Brüderlichkeit« – und auf Dauer zur Abschaffung der absolutistischen Monarchie. Der »Reichsdeputationshauptschluss« (1803) beseitigt die mittelalterliche Feudalordnung mit ihrem vielgestaltigen Benefizwesen und ihrem Unterschied zwischen hohem und niederem Klerus. Was zunächst als Katastrophe beklagt wird, erweist sich als Chance für einen Neuaufbau: Die entmachtete und verarmte Kirche tritt in ein neues Verhältnis zum Volk: Bischöfe, Priester und »Laien« fühlen sich enger verbunden. Die »Volkskirche« des 19. Jahrhunderts entsteht.

Für die christliche Theologie bringt die Aufklärung tiefe Einschnitte und eine grundlegende Neuorientierung: Das Verhältnis von Vernunftwahrheit und Offenbarungswahrheit ist zu klären. Historisch-kritische Methoden beginnen ihren Siegeszug bei der Auslegung der biblischen Dokumente. Hinzu kommt die Tendenz zur Emanzipation von jeder autoritativen Vorgabe der »Offenbarungswahrheit« und von jeglicher Bevormundung im Vernunftgebrauch. Darüber hinaus zielt das Interesse der aufklärerischen Vernunft vor allem auf den sittlichen Gehalt und den Lebenswert der christlichen Offenbarung.

Verzweifelt suchen einige Päpste gegenzusteuern. Gregor XVI. lehnt 1832 Gewissens- und Meinungsfreiheit als »törichte und falsche Ansicht, als Wahnsinn (*delirium*)« ab.[9] Der erzkonservative Pius IX. boxt gegen erhebliche innerkirchliche Widerstände 1870 »sein« Unfehlbarkeitsdogma und die damit verbundene Beanspruchung der obersten »Hirtengewalt« über Gesetzgebung, Rechtsprechung und Verwaltung in der Kirche durch – ein Ermächtigungsgesetz zu unbeschränkter Herrschafts- und Machtausübung.[10] Die »Berufung zur Freiheit« (Gal 5, 13) wird zu einem ängstlichen Streben nach Sicherheit und Stabilität. Der Glaube an die eigene Macht und Stärke verdrängt das unbedingte Vertrauen auf Gott und seine Führung.

Im 20. Jahrhundert

Der Erste Weltkrieg (1914-1918) macht offenkundig, in welch starker Weise die Kirchen – hier vor allem die evangelische Kirche – national ausgerichtet waren. »In Gottes Namen« schickt Kaiser Wilhelm II. die Soldaten ins Feld. Auf ihren Koppelschlössern steht »Gott mit uns«. In den Predigten wird häufig der Krieg als »ein Segen« und als »heilsame Erziehungsmaßnahme« für das Volk hingestellt. Er soll ein neues »Erwachen der Religion« bewirken.

Der Nationalsozialismus wird von der katholischen Kirche zunächst mit großer Skepsis betrachtet. Das ändert sich 1933, nachdem Hitler in der Regierungserklärung vom 23. März den Kirchen weitgehende Zugeständnisse macht. Schon fünf Tage später nehmen die deutschen Bischöfe ihre bisherigen Warnungen zurück und rufen »die katholischen Christen, denen die Stimme ihrer Kirche heilig ist, [...] zur Treue gegenüber der rechtmäßigen Obrigkeit und zur gewissenhaften Erfüllung der staatsbürgerlichen Pflichten unter grundsätzlicher Ablehnung allen rechtswidrigen und umstürzlerischen Verhaltens« auf. Der badische evangelische Landesbischof Kühlewein begrüßt die neuen Herren: »Was wir seit Jahren gehofft und ersehnt haben, ist gekommen. Unser deutsches Volk hat sich in seiner großen Mehrheit zu einer starken nationalen Front zusammengeschlossen und sich einmütig hinter die Männer gestellt, die das Oberhaupt unseres Reiches zur Führung des deutschen Volkes berufen hat«.[11]

Zum Beginn des Zweiten Weltkriegs (1939-1945) werden die Gläubigen zu treuer Pflichterfüllung ermahnt – vor allem im Kampf gegen den »gottlosen Bolschewismus«. Ernsthafter Widerstand regt sich erst 1941 im Zusammenhang mit den schönfärberisch »Euthanasie« genannten Aktionen zur Ermordung geistig und körperlich Behinderter. Auch das allmähliche Bekanntwerden der systematischen Judenverfolgung und -vernichtung ändert am kollektiven Bravsein der Christen nichts. Nirgends rufen die christlichen Kirchen als Ganzes zum politischen Widerstand auf oder beteiligen sich daran. Es bleibt einzelnen mutigen Frauen und Männern vorbehalten, sich, manchmal sogar gegen den ausdrücklichen Rat ihrer Kirchenführer, zum Widerstand zu entschließen (Geschwister Scholl, Dietrich Bonhoeffer, Alfred Delp, Nikolaus Groß, Helmuth von Moltke, Graf Stauffenberg, Max Josef Metzger und viele andere).

Nach dem Krieg fangen die Kirchen sehr bald an, dort weiterzumachen, wo sie 1933 aufgehört haben. Zu einem klaren Bekenntnis ihrer Mitschuld können sie sich, wenn überhaupt, nur sehr zögerlich durchringen. In theologischer Hinsicht gibt es kaum Fortschritte.

Erst das Zweite Vatikanische Konzil (1962-1965) läutet auf Druck vieler Theologen, engagierter Laien und Verbände katholischerseits eine Wende ein. Papst Johannes XXIII. will mit dem Konzil ein »aggiornamento« erreichen, eine weit greifende »Anpassung« an die Erfordernisse der Moderne, die zugleich einen Bewusstseinswandel im gesamten kirchlichen Leben bewirken soll: »Überwindung des Konstantinischen Zeitalters mit seiner engen Verknüpfung von Religion und Politik, Macht und Kirche, Absage an den gegenreformatorisch verengten Geist des Konfessionalismus in der Kirche und Übergang von einer Epoche tridentinisch bestimmter Theologie und Lebensformen zu einer der heutigen Mentalität und den modernen Erkenntnissen entsprechenden Existenz der Kirche in dieser Welt.«[12]

Das Ende einer Kirchenepoche

Die Zukunft des Christentums in den deutschsprachigen Ländern sieht alles andere als rosig aus. Die überkommene Gestalt der »Volkskirche« gehört der Vergangenheit an. Wie die Kirche der Zukunft aussehen wird, ist noch unklar. »Alle auf Stabilität, Dauer, Tradition angewiesenen Bereiche menschlichen Lebens und Zusammenlebens stehen unter dem Druck beständiger, sich beschleunigender Veränderungsprozesse. Sie werden fragwürdig und gelten nur noch auf Abruf. Das religiöse und kirchliche Leben, zu dem wesentlich Tradition und Institution gehören, ist besonders davon betroffen«, so die deutschen Bischöfe 1993.[13]

Im Mittelpunkt kirchlich-pastoralen Handelns wird künftig das Individuum stehen müssen – seine Geschichte, seine Erfahrungen, sein Fragen und Suchen. Dieser persönliche Glaubensweg braucht Zeit und Dauer zum Wachsen; er kennt verschiedene Stufen und Phasen; Krisen und Unterbrechungen gehören dazu; das genaue Ziel liegt am Anfang nicht fest. Auf diesem Weg sind in vielfacher Hinsicht Begleitung und Hilfe erforderlich. Gleichzeitig wehrt sich der Einzelne gegen jede Gängelung und Bevormundung. Er will als freier und mündiger Christ leben und handeln (dürfen).

Die christliche Kirche der Zukunft darf

- ***keinen Unterschied mehr kennen zwischen Geschlecht und Rasse, Kultur und Sozialstatus, Bruttosozialprodukt und Nettojahreseinkommen; denn vor Gott gibt es nicht mehr Juden oder Griechen, nicht mehr Weiße oder Schwarze, nicht mehr Ost oder West, nicht mehr Mann oder Frau (vgl. Gal 3, 28);***
- ***keine Zweiklassengesellschaft von Klerikern und Laien, von Lehrenden und Gehorchenden, von Ober-***

hirten und Schafen, von Hierarchen und Subalternen sein; denn vor Gott sind alle Brüder und Schwestern (vgl. Mt 23, 8);

- *kein für alle verbindliches Gottesbild, keine unwandelbaren Dogmen, keine unumstößlichen Lehrsätze, keine ewigen Wahrheiten vorschreiben; denn all unser Erkennen ist Stückwerk, und wir können nur rätselhafte Umrisse erkennen (vgl. 1 Kor 13, 9 und 12).*

Die christliche Kirche der Zukunft besteht aus allen,

- *die von ganzem Herzen nach Gott fragen und ihn suchen (vgl. Jer 29, 13);*
- *die ihrem Gott mit reinen Händen und lauterem Herzen dienen (vgl. Ps 24, 4);*
- *die Gott lieben mit ganzem Herzen, mit ganzer Seele und mit ganzer Kraft und die den Nächsten und den Fremden lieben wie sich selbst (vgl. Lev 19, 11 und 34; Dtn 6, 5; Mk 12, 29-31).*

V. Was sich ändern sollte und sich bereits ändert

Es gibt kaum noch Christen, die nicht nach Reformen rufen. Dabei sollte man sich ernsthaft und ehrlich auf das besinnen, was die Grundlage des Christentums war und ist: die befreiende jüdisch-christliche Tradition, die Botschaft der Propheten und des Mannes aus Nazaret.

Eine solche Reform dürfte schwierig werden, lange andauern und zu erheblichen Turbulenzen führen. Die Alternative dazu wäre der Marsch ins Getto und das Absinken des Christentums in die Bedeutungslosigkeit.

Im Folgenden sollen einige wichtige Aspekte dieser Reform benannt werden.

Das Erscheinungsbild

Zunächst wird sich das Erscheinungsbild vor allem der römisch-katholischen Kirche grundlegend ändern müssen. Dabei dürfte es verhältnismäßig einfach sein, alles höfische Zeremoniell, alle folkloristisch wirkenden Gewänder und Titel abzuschaffen. Das Christentum braucht keine Prälaten und Monsignori, keine Hochwürdigsten und Hochwürdigen Herren, keine Eminenzen und Exzellenzen. Die Bischöfe müssen sich nicht unbedingt eine Mitra oder einen Pileolus auf den Kopf setzen, einen Ring am Finger tragen und einen Hirtenstab in die Hand nehmen. Mit Ausnahme der Militärs zählt keine öffentliche Körperschaft einen so großen Anteil an Dekorierten, Titulierten und Uniformierten wie insbesondere die katholische Kirche. Nur Diktatoren zeigten und zeigen sich gern in Uniform.

Die betreffenden Herren sollten sich ein Wort des Propheten Jesaja an die Töchter Jerusalems im Hinblick auf ihr Tun zu Herzen nehmen: »Weil die Töchter Zions hochmütig sind, ihre Hälse recken und mit verführerischen Blicken daherkommen, immerzu trippelnd daherstolzieren und mit ihren Fußspangen klirren, darum wird der Herr den Scheitel der Töchter Zions mit Schorf bedecken und ihre Schläfen kahl werden lassen. An jenem Tag wird ihnen der Herr ihren Schmuck wegnehmen: die Fußspangen, die kleinen Sonnen und Monde, die Ohrgehänge und Armkettchen, die Schleier und Turbane, die Fußkettchen und die Prachtgürtel, die Riechfläschchen und die Amulette, die Fingerringe und Nasenreife, die Festkleider und Umhänge, die Umschlagtücher und Täschchen und die Spiegel, die feinen Schleier, die Schale und Kopftücher. Dann habt ihr Moder statt Balsam, Strick statt Gürtel, Glatze statt kunstvoller Locken, Trauergewand statt Festkleid, ja, Schande statt Schönheit« (Jes 3, 16-23).

Man muss allerdings zugestehen, dass das folkloristisch anmutende Schauspiel eines Pontifikalamtes samt Blumenschmuck und Kerzen, Weihrauch und festlicher Musik auch heute noch das Gemüt anrühren kann. Das Erfordernis eines würdigen Ambientes für die »heiligen Handlungen« gab und gibt Anreiz zu den bewundernswerten Kirchenbauten mit ihrer kostbaren Innenausstattung. Auch die Werke der Musik – Gregorianik, Choral, Kantaten und Orchestermessen – gehören hier genannt.

Stilvolle Riten, würdige Zeremonien und ansprechende Formen gemeinschaftlichen Feierns sind durchaus erwünscht und haben ihren Platz beim Gottesdienst. Doch prunkvolle Gewänder, antiquierte Titel und folkloristisch anmutende Rituale schaden dem Image der Kirche.

Die abgehobene Sondersprache

Die Sprache, wie sie in offiziellen und offiziösen Texten, in Predigten und in der Liturgie noch immer verwendet wird, ist weitgehend zu einer Sondersprache geworden, die von vielen als etwas Fremdes, wie einer anderen Welt Zugehöriges empfunden wird. »Man weiß alles, und doch sagt es nichts. Man kann sich in dieses Vokabular wie in eine vergangene Weltanschauung einspinnen, dann bleibt man im Gedeuteten, begegnet aber nicht mehr oder nur sehr bedingt dem Anspruch der absoluten Wirklichkeit.«[14]

Die tradierte religiöse Sprache zu ändern und sie dem heutigen Sprachgebrauch anzupassen, ist nicht leicht. Denn der als verbindlich und authentisch in der Anfangszeit festgelegte Wortlaut besitzt ein zähes Beharrungsvermögen. »Ewige Wahrheiten« können nicht alle hundert Jahre ihr Gewand verändern. Die Exponenten dieser Sprachsklerose sind häufig ideologisch fixiert. Sie wagen es nicht, nach neuen sprachlichen Ausdrucksformen des Glaubens zu suchen – aus lauter Angst, es könnten ihnen dabei Sprachregelungen unterlaufen, die zu Missverständnissen führen. Oder sie könnten sich an den geheiligten altehrwürdigen Traditionen versündigen. Und im Bemühen, dieser Gefahr zu entgehen, laufen sie geradewegs in die Falle des kontinuierlichen Wandels, wie er die lebendige Sprache kennzeichnet (vgl. »Weib«; siehe dazu auch den Abschnitt »Die Dogmen«).

So wird die religiöse Sondersprache gleichsam »von oben« und »von unten« gestützt. Das Sprachsystem der Religion hält sich, weil es »oben« als sakrosankt und unveränderlich betrachtet und weil es »unten« frühzeitig eingeübt wird. Aber das ist auf Dauer nicht ungefährlich. »Anachronistische Orientierungsschemata blockieren den Kontakt mit der Wirklichkeit und machen unfähig, die gegenwärtige Situation – die allein real gegebene, zur Bewältigung aufgetragene – sachgemäß anzugehen.«[15]

Ein drängendes Problem des gegenwärtigen Christentums ist das (Wieder-) Gewinnen einer Sprache, in der das Evangelium so verstanden wird, dass es Menschen von heute aufrüttelt und ihnen Perspektiven für die Zukunft eröffnet.

Heilige und Heiligenverehrung

Das Christentum hat von Anfang an die Verehrung von Heiligen gebilligt und gefördert. Freilich ist die Geschichte der Heiligenverehrung auch die Geschichte derjenigen, die sich für die Heiligen interessieren. Dabei kann es vorkommen, dass sich übertriebene und ungesunde Formen der Heiligenverehrung breitmachen. Heilige können auch von der Kirchenleitung dazu instrumentalisiert werden, um dem Kirchenvolk bestimmte Normen und Werte konkret vor Augen zu halten und einzuschärfen, die zu möglichst reibungsloser Gefolgschaft besonders geeignet erscheinen. Auffällig ist, dass sich unter den in der römischen Kirche heilig gesprochenen Menschen kaum Eheleute, Väter und Mütter befinden. Die meisten Heiligen sind unverheiratete Männer: Päpste, Bischöfe, Priester, Mönche. Und – schon wesentlich weniger – unverheiratete Frauen: Nonnen und »Jungfrauen«.

Es muss auch zu denken geben, dass nicht selten Menschen als Heilige proklamiert wurden, die sich durch reichlich problematische »Tugenden« wie übertriebene Schuldgefühle, Strafbedürfnis, Selbsthass, »Engelgleichheit«, Neigung zu Unterwürfigkeit und blindem Gehorsam »auszeichneten«. »Die Heiligen haben in der katholischen Kirche die Funktion von Wegweisern. Was bedeutet es, wenn sie einen Weg weisen, an dessen Ende immer nur ein von Angst gepeinigter, schwacher, mit sich selbst zerfallener Mensch stehen kann? Wer kann das wollen?«[16]

Nicht minder problematisch sind in der römischen Kirche die für eine »amtliche« Heiligsprechung verlangten »Wunder«. So will zwei Jahre nach dem Tod von Papst Johannes Paul II. eine französische Ordensschwester von der Parkinson-Krankheit geheilt worden sein, nachdem sie zum Verstorbenen gebetet habe.

Höchst bedenklich ist auch der in engem Zusammenhang mit der Heiligenverehrung stehende Reliquienkult. Hierbei handelt es sich nicht nur um die Verehrung von Dingen (Kreuzpartikel, Kleidungsstücke und Ähnliches), sondern auch von Leichenteilen. Was man den Menschen im Mittelalter noch zugestehen mag, sollte eigentlich in der Welt von heute keinen Platz mehr haben. Doch die makabre Verehrung einer Blutreliquie des (inzwischen offiziell heilig gesprochenen) Papstes Johannes Paul II. (1920-2005) belehrt eines Besseren. Das Papstblut – insgesamt vier Ampullen – stammt von einer medizinischen Untersuchung, die vor einem Luftröhrenschnitt wenige Wochen vor seinem Tod stattgefunden hat. Nach dem Tod des Papstes übergaben die Ärzte dem damaligen Papstsekretär und heutigen Krakauer Erzbischof die Ampullen. Inzwischen sind so viele Blutreliquien des Papstes in Umlauf, dass man sich fragen muss, ob dieses Blut wirklich noch von Johannes Paul stammt.

Als »Heilige« können Menschen verehrt werden, noch lebende oder bereits verstorbene, die sich durch besondere Nähe zu Gott auszeichne(te)n und/oder den (sittlichen) Anforderungen des Christentums in überdurchschnittlichem Maße entsprachen beziehungsweise entsprechen. Es ist bezeichnend, dass sich heute gerade solche Heilige eines besonderen Interesses erfreuen, die als spirituelle und prophetische Menschen gleichermaßen kämpferisch wie kontemplativ, wider-

ständig wie ergeben, unbeugsam wie tolerant, weltzugewandt wie gottverbunden waren.

Das Abendmahl

Es ist eine in der gesamten Menschheitsgeschichte einmalige, geradezu geniale, »göttliche Erfindung«: Jesus machte gemeinsames Essen und Trinken zur eigentlichen und zentralen Form des christlichen Gottes-Dienstes. Er lud alle Menschen ein zu dieser Gemeinschaft *mit* Gott – Freunde und Gegner, vertrauensvoll Glaubende und misstrauisch Zweifelnde, Ausgestoßene und Verachtete, Orientierung Suchende und Outcasts. Symbolträchtig aß er mit ihnen das alltägliche, »gewöhnliche« *Brot*, das Menschen zum Leben und zum Überleben brauchen, und trank mit ihnen *Wein*, der Freude ins Leben bringen kann. Leben *vor* Gott und *für* Gott soll nicht nur vom »Ernst des Lebens«, von der harten und Not-wendenden Sicherung des Lebensunterhalts geprägt sein, sondern auch von Dankbarkeit und Freude.

Doch die christlichen Kirchen haben daraus ein steifes und förmliches Ritual gemacht. In der römischen Kirche vollzieht ein eigens dafür bevollmächtigter, zölibatär lebender Mann (eine Frau darf es – noch – nicht sein) Riten und Zeremonien und spricht dazu Worte, die von den teilnehmenden »Gläubigen«

nicht oder kaum verstanden werden. Am Schluss dieser »heiligen Messe« legt er ihnen ein »Brot« in die Hand (oder auf die Zunge), das aussieht wie ein kleines, rundes, weißes Stück Papier. Diese Handlung geschieht in immer leerer werdenden Kirchen, in denen an der einen Seite ein Altar steht und an der anderen Seite (meist zusammengedrängt in den hintersten Bänken) die »Gläubigen« sitzen, stehen oder knien. Von einer »Gemeinschaft im Herrn« ist in dem Fall nichts mehr zu erkennen. Inzwischen gibt es freilich Bemühungen, Formen des Gottesdienstes zu praktizieren, die stärker den Gemeinschafts- und den Mahlcharakter betonen. Sie werden von den Bischöfen meist mit Argwohn betrachtet.

In den Kirchen der Reformation gab es über lange Jahre hinweg überhaupt kein Abendmahl mehr. Es wurde ersetzt durch ein wortlastiges Geschehen, bei dem Lieder gesungen, Gebete gesprochen, das Evangelium vorgelesen und eine meist sehr lange Predigt gehalten wurde. Und wenn wirklich einmal das Abendmahl angeboten wurde, dann geschah das im Anschluss an dieses Wortritual meist nur für einige wenige, die noch so viel Geduld aufbrachten.

Die Kirchen sollten sich auf ihre Wurzeln besinnen und zurückfinden zum Abendmahl als einer Mahlgemeinschaft der Getauften (und aller suchend und fragend Glaubenden und Zweifelnden) untereinander und zusammen mit dem in ihrer Mitte als gegenwärtig geglaubten, auferweckten Herrn.

Das Abendmahl sollte wieder zu einem echten Essen und Trinken von Brot und Wein nach dem Beispiel Jesu werden, zu dem alle geladen sind und an dem alle teilnehmen können, die suchend und fragend zu Jesus und zu Gott unterwegs sind.

Der Besitz der Wahrheit

»Das Christentum [...] lehrt absolute Wahrheiten und Werte«, behauptete Joseph Ratzinger, später Papst Benedikt XVI., in einer Veröffentlichung aus dem Jahr 1995.[17] Das Gleiche sagen auch andere sogenannte »Offenbarungsreligionen«: »Um die Wahrheit des Islam zu erkennen, genügt es, dass man wahrnimmt, dass 1. Allah existiert und 2. dass Muhammad von Allah gesandt wurde«, sagen Muslime;[18] »Gepriesen sei der Gott der Wahrheit!«, sagen Juden.[19]

Gott allein ist »die« Wahrheit. Die Menschen haben allenfalls Anteil daran. Alle Religionen können nur auf der Suche nach der Wahrheit sein. Wegen der menschlichen Endlichkeit und Unzulänglichkeit müssten aber alle ehrlicherweise eingestehen, dass sie sich bei dieser Wahrheitssuche auch irren können. Wer von sich behauptet, »göttliche Wahrheiten« und

»absolute Werte« zu lehren oder zu »besitzen«, und sich als deren Hüter und Bewahrer ausgibt, will so seine Rede unangreifbar machen: Jeder, der diese (weder beweis- noch widerlegbaren) »Wahrheiten« in Zweifel zieht, stellt sich damit gegen Gott selbst – und nicht gegen eine Aussage fehlbarer Menschen.

Die Wahrheitsfrage wird so zur Machtfrage. Wer beansprucht, die absoluten »Wahrheiten und Werte« zu besitzen, übt Herrschaft aus und fordert Unterwerfung ein. Kritiker an christlichen (Glaubens-) Sätzen, an »gottgegebenen« Strukturen oder an Maßnahmen »göttlichen Rechts« können so als Glaubenszweifler und letztlich gar als Gottlose gebrandmarkt und mit entsprechenden Sanktionen belegt werden. Die Geschichte des Christentums ist reich an Opfern dieses überzogenen Wahrheitsanspruchs.

Niemand ist im Besitz der absoluten Wahrheit. Gott allein ist »die Wahrheit«. Über ihn und seine Weisheit kann niemand verfügen. Das Christentum sollte endlich seinen Anspruch aufgeben, absolute Wahrheiten und Werte zu lehren.

Die Dogmen

Die Dogmen sind das Ergebnis des Versuchs, den vor allem in narrativer Form tradierten Glauben in abstrakte Formeln, Begriffe und Sätze zu fassen. Denn die jüdisch-christliche Glaubenstradition sah sich bald genötigt, sich gegen Missdeutungen zu schützen und gegenüber Irrlehren und Anfeindungen abzugrenzen. Dafür boten sich kurze, leicht fassliche Sätze an, die den Charakter einer De-Finition, einer Ab-Grenzung bekamen. Im Lauf der Zeit wuchs, von den »Oberhirten« durchaus gewollt, der Grad ihrer Allgemeinverbindlichkeit, obwohl sie ursprünglich nur situationsbedingt konzipiert und formuliert waren. Und sie wurden immer komplexer und für die Mehrzahl der Gläubigen immer unverständlicher.

Christliche Glaubensformeln tendieren dazu, als »unwandelbare, ewig gültige Wahrheit« betrachtet zu werden. Weil aber Sprache ein lebendiges Geschehen ist und die Begriffe sich in ihrer Bedeutung wandeln können, kann es dabei zwangsläufig zu Missverständnissen kommen oder sogar zu Bedeutungsveränderungen, die das ursprünglich Gemeinte nicht mehr adäquat widerspiegeln oder sogar ins Gegenteil verdrehen.

Hinzu kommt, dass durch die wissenschaftliche Erforschung der biblischen Schriften und der frühchristlichen Dogmen manches darin Enthaltene und Gesagte in einem völlig anderen Licht erscheint:

- Dem »Geboren von der Jungfrau« liegt ein symbolisch-bildhaftes Verständnis zugrunde, kein physiologisch-materialistisches. Gefördert wurde dieser Deutungswandel durch eine latent im Christentum grassierende Tabuisierung der Sexualität und die daraus resultierende Abwertung der Frau.

- Die Formel »Schöpfer des Himmels und der Erde« ist entstanden aufgrund eines im Vergleich zu heute gänzlich anderen Weltbildes und hat daher allenfalls historischen Wert.
- Auch das letzte, erst 1951 von Papst Pius XII. verkündete und heute meist schamhaft verschwiegene Dogma, dass die »allzeit jungfräuliche Gottesmutter Maria nach Ablauf ihres irdischen Lebens mit Leib und Seele in die himmlische Herrlichkeit aufgenommen wurde«,[20] gehört hierher.

Wenn Glaubenssätze und Dogmen heute überhaupt noch Akzeptanz finden sollen, dann allenfalls als jeweils neu auslegungsbedürftige und situationsbedingte Versuche, bestimmte Inhalte des christlichen Glaubens in »Kurzformeln« zu fassen.

Der Glaube und die Wissenschaft

Glaube nach biblischem Verständnis ist die das gesamte Leben umfassende Antwort des Menschen auf die Erfahrung einer *transzendenten, unsichtbaren* Wirklichkeit (»Gott«) und die vertrauensvolle Hinwendung zu diesem in vielfacher Weise, wenn auch im strengen Sinn nicht beweisbar sich mitteilenden Gott.

Wissenschaft hat mit der *prinzipiell sichtbaren* Wirklichkeit zu tun. Sie ist *ein* Zugang zu ihr, aber nicht der allein gültige. Eine wissenschaftlich »wahre« Erkenntnis gründet auf allgemein gültigen Axiomen, interner Widerspruchsfreiheit, Wiederholbarkeit im Experiment und Überprüfbarkeit (verifizierbar oder falsifizierbar) – bis sie durch neue Erkenntnisse überholt, korrigiert oder fortgeführt wird. Vieles im menschlichen Leben ist entsprechend seiner Eigenart nicht (oder nicht ganz) als Wissen zu erfassen – der Sinn des Lebens, Krankheit und Schmerzen, Geburt und Tod, das Gefühl, Gott und das Jenseits. Diese Einschränkung mindert nicht den Wert der Wissenschaften für unser Leben, zeigt aber ihre Begrenzung.

Jahrhundertelang hat das Christentum nicht zwischen dem antiken Weltbild und der Aussageabsicht der biblischen Botschaft unterschieden und sich damit eher als wissenschaftsfeindlich gezeigt. Der »Fall Galilei« ist das bekannteste Beispiel. Erst in jüngster Zeit haben Naturwissenschaft und Religion begonnen, den sie lange trennenden garstigen Graben zu überbrücken. Christlicher Glaube und Wissenschaft zeigen verschiedene Perspektiven derselben Wirklichkeit auf. Naturwissenschaft und Christentum verhalten sich komplementär zueinander.

Wissenschaft und Glaube verhalten sich komplementär zueinander.

Die Kernaussagen des Christentums

Die christlichen Kernaussagen, wie sie im Credo ihren Ausdruck gefunden haben, sind wesentlich beeinflusst und geprägt vom religiösen, politischen, gesellschaftlichen und kulturellen Kontext einer gänzlich anderen Umwelt, zuerst der jüdisch-orientalischen und dann der griechisch-römischen. Inzwischen hat der christliche Glaube längst diesen Verständnis- und Deutungshorizont verlassen.

Es genügt nicht, die sakrosankten alten Glaubensformeln zu konservieren und sie möglichst unangetastet von Generation zu Generation weiterzureichen. Vor allem das Gottesbild, die Aussagen über Jesus Christus und die Dreifaltigkeitslehre erscheinen dringend reformbedürftig.

Das Gottesbild

»Bald nach dem [Zweiten Vatikanischen] Konzil wurde deutlich, dass die Gottesfrage in eine grundlegende Krise kam. Das Konzil konnte noch relativ beruhigt von Gott reden und das Bekenntnis an ihn voraussetzen. Inzwischen sind alle Selbstverständlichkeiten, wenn sie es je waren, in diesem Bereich Vergangenheit. Eine schleichende Säkularisierung, die sich steigert, aber keineswegs unumkehrbar sein muss, hat auch radikal und tief das religiöse Bewusstsein erfasst. Alles kommt darauf an, stets wieder von Neuem das Antlitz des lebendigen Gottes zu suchen. Darum steht eine Erneuerung der Frage nach Gott an erster Stelle aller Aktivitäten.« So Kardinal Lehmann bei einem Vortrag im Jahre 2004.[21]

Die Ursachen für die »Gotteskrise« sind vielfältig. Sie kommen von »außen« und von »innen«: einerseits Philosophie, Naturwissenschaften (insbesondere Neurophysiologie, Astrophysik und Evolutionstheorie), Soziologie, Archäologie, Psychologie, Schoah, Tsunami; andererseits die Rede vom »Allmächtigen«, von Gott als Schöpfer, »der alles so herrlich regieret«, die teilweise miss- oder sogar unverständlich gewordenen dogmatischen Formeln.

Heutige Theologie muss sich ernsthaft fragen: Welches Gottesbild besitzt (noch) Relevanz für das Leben der Menschen von heute? Welche verborgene Facette Gottes nehmen Menschen in bestimmten Milieus wahr? Zu welchem Gott können sich Menschen der Postmoderne (noch) bekennen? Kann ihnen Gott überhaupt noch etwas bedeuten? In welchen Situationen wird die Gottesfrage für sie (noch) virulent? »Brauchen« sie Gott noch? Und wie soll man von diesem Gott sprechen? Wie muss sich glaubhafte christliche Gottesrede heute anhören?

Es wäre vielleicht an der Zeit, dem vielfach belasteten Wort »Gott« eine längere »Auszeit« zu geben und stattdessen Umschreibungen zu verwenden – das Sein schlechthin; tiefster und letzter Grund; letzte Ursache; Ursprung von allem; allem Seienden zugrunde liegende Kraft und Energie; Quelle alles Seins; Wovonher und Woraufhin unseres Lebens; Transzendenz; das heilige Geheimnis.[22]

Der gegenwärtige Papst Franziskus sagte in einem Interview: »Wenn eine Person behauptet, sie sei Gott mit vollkommener Gewissheit begegnet, und wenn sie nicht von einem Saum der Ungewissheit berührt wird, ist das nicht gut. [...] Wenn jemand die Antwort zu allen Fragen hat, ist das ein Beweis, dass Gott nicht auf seiner Seite steht. [...] Man muss für den Herrn Raum lassen, nicht für unsere Gewissheiten; wir müssen demütig sein. Ungewissheit steckt in jeder wahren Einsicht, welche sich der Bestätigung im spirituellen Trost öffnet.«[23]

Jesus Christus

Ein verändertes Gottesbild muss zwangsläufig zu einer veränderten Formulierung der Christologie führen. Was heißt jetzt »eingeborener Sohn Gottes«,

»sitzend zur Rechten des Vaters«? Was bedeutet »Menschwerdung Gottes«? Wie ist die Einheit von »Gott« und »Mensch« in Jesus zu verstehen und auszusagen?

Die Dreifaltigkeitslehre

Jesus wusste nichts von einer Dreifaltigkeit in Gott. Erst beim Konzil von Konstantinopel (553) wurde das Trinitätsdogma endgültig formuliert. Bei der Entstehungsgeschichte des Dogmas hat vermutlich ein offenbar naturhaft gegebener »Drang« zur Drei(zahl) zumindest unterschwellig mitgewirkt.[24]

Vor allem zwei Begriffe sind es, die im Hinblick auf die Trinitätstheologie eine wichtige Rolle spielen und die häufig missverstanden werden: »Person« und »Natur«.

➤ Person (griech. »prósopon« oder auch »hypostasis«) meinte damals: »Das, dem man sich gegenübersieht«, das »dahintersteckt«, das Antlitz, das Angesicht. Heute versteht man unter Person im philosophischen Sinn ein (menschliches) Individuum, ausgestattet mit einer gewissen Freiheit der Entscheidung und Verantwortlichkeit für sein Handeln, mit einer »aktiven Subjektivität«. Wendet man den heutigen Personbegriff auf das Trinitätsdogma an, so landet man beim Drei-Götter-Glauben.

➤ Das griechische Wort »phýsis« (von »phýo« = zeugen, schaffen, geworden sein) und das lateinische »natura« (von »nasci« = geboren werden) meinen beide die von einer Geburt herrührende, gewordene und gewachsene Eigenart des Lebendigen. Ist es zutreffend, von einer *göttlichen Natur* zu sprechen? Wird damit nicht Gott indirekt in das Werden hineingezogen?

Die Aufgaben einer theologischen Reform

Eine Neu- und Umformulierung dieser und anderer Kernaussagen des christlichen Glaubens wäre nur zu bewältigen in einer großen ökumenisch zu leistenden theologischen Arbeit und im ökumenischen Einvernehmen.

Dafür müsste wohl eine Kommission eingerichtet werden, die zusammengesetzt ist aus international renommierten Theolog(inn)en und Bibelwissenschaftler(inne)n (aus möglichst allen christlichen Konfessionen), aber auch aus theologisch interessierten und qualifizierten Philosophen, Soziologen, Natur- und Sprachwissenschaftlern. Sie alle sollten in möglichst großer Unabhängigkeit und in möglichst engem Kontakt miteinander arbeiten dürfen, unbeeinflusst von Weisungen ihrer jeweiligen »Auftraggeber«.

Die tradierten Begriffe und Formeln müssen auf ihre verbindlichen, dauerhaften Inhalte befragt und für die Gegenwart neu interpretiert und versprachlicht werden. Nur so können die Glaubenszeugnisse der biblischen Schriften und der Tradition (wieder) zu sprechen beginnen und neue Erfahrungen mit dem »alten Glauben« in der Welt von heute ermöglichen.

Das Christentum stößt umso mehr auf Unverständnis und Ablehnung, je stärker es verdogmatisiert, verrechtlicht und institutionalisiert ist.

VI. Wird das Christentum noch gebraucht? – Wozu das Christentum dienlich ist

Das Christentum ist von seinen jesuanisch-prophetischen Ursprüngen her eine Befreiungsbewegung. Eine kleine Gruppe von Menschen hat unter Berufung auf einen menschenfreundlichen und als Befreier erfahrenen Gott den Exodus aus einem Leben in Fremdbestimmung und Unterdrückung gewagt. Die Ideale, Erfahrungen und Impulse dieser Gruppe wurden zum bestimmenden Faktor im Zusammenleben eines relativ kleinen und unbedeutenden Volkes im Vorderen Orient. Gegen manche Rückschläge und die immer wieder aufflackernde Tendenz zur Herrschaft von Menschen über Menschen hat sich diese »Religion« über Jahrhunderte hinweg erhalten, festgesetzt und immer wieder reformiert. Durch »Propheten«, durch mutige, charismatisch begabte Männer und Frauen, wurde die Besinnung auf die Ursprünge dieser Freiheitsbewegung wachgehalten, die Verletzung der sinaitischen Weisungen (»Zehn Gebote«) angeprangert und die Beachtung von Recht und Gerechtigkeit für alle eingefordert.

Besonders eine Gestalt ragt aus der langen Reihe dieser mutigen Männer und Frauen heraus: Jesus von Nazaret. Seine Botschaft von einem als liebender »Vater« erfahrenen Gott und das Beispiel seines Lebens, seines befreienden Wirkens und seiner Hingabebereitschaft bis zum Tod am Kreuz haben seine Freunde fasziniert und angespornt.

Unzählige Menschen haben sich das von Jesus verkündete und durch das Beispiel seines eigenen Lebens praktizierte Gottesbild zu eigen gemacht. Der Gott, den Jesus »Abba« nannte, steht nicht aufseiten der Mächtigen und der Siegreichen, sondern auf der Seite der Ohnmächtigen und der Verlierer. Er ist ein Gott, der dem Verlorenen nachgeht, der die Einsamen tröstet, der die Schwachen und Gebeugten aufrichtet, der auch dann noch Hoffnung gibt, wenn alle Hoffnung zerbrochen ist. Er ist schließlich ein Gott, der dem Menschen die Treue hält über den Tod hinaus.

Voller Begeisterung haben Menschen seine von Grund auf emanzipatorische und das Zusammenleben der Menschen revolutionierende Botschaft Jesu hinausgetragen ins Römische Imperium. Das Christentum trat einen beispiellosen Siegeszug an. Die in ihm angezielte und teilweise auch verwirklichte »klassenlose Gesellschaft« (vgl. Gal 3, 28) wurde zum

Markenzeichen des frühen Christentums. In einigen christlichen Gemeinden wurde versucht, eine Art »Urkommunismus« zu leben – eine Gütergemeinschaft ohne Privateigentum (vgl. Apg 2, 44; 4, 32-37). Etwas später greifen Ordensgemeinschaften dieses Ideal auf.

Doch menschlich-allzumenschliches Denken und Handeln machen sich immer wieder breit. Christen, vor allem solche in führenden Positionen (Päpste, Bischöfe, Theologen), bringen es fertig, die ursprünglichen Impulse der Freiheit und Befreiung abzublocken, zu unterdrücken und sogar ins Gegenteil zu verkehren. Jesus wird immer stärker zu einer blutleeren Ikone hochstilisiert und verliert damit konkreten Einfluss auf die christlichen Kirchen und auf die Gestaltung des Lebens der einzelnen Christen. Gott wohnt nicht mehr »ganz nah« in den Herzen der Menschen (Ps 145, 18; 1 Kor 6, 19), sondern thront fernab hoch im Himmel als »Herrscher aller Mächte und Gewalten«. Inhalte der Botschaft Jesu und der Propheten werden verwässert und bis zur Unkenntlichkeit in dogmatischen Formeln und »unfehlbaren« Glaubenssätzen verstümmelt. Aus der »klassenlosen Gesellschaft« der Urkirche wird eine streng in Kleriker und »Laien« geteilte Zweiklassengesellschaft, wobei die »Laien« nochmals unterteilt sind in (privilegierte) Männer und (unterprivilegierte) Frauen. Das »Reich Gottes«

wird zum »Machtbereich von Hierarchen«. Monarchische Herrschaftsstrukturen und sublime Unterdrückungsmechanismen etablieren sich.

Aber die jesuanisch-prophetische Freiheitsbewegung lässt sich nicht aufhalten. Gegen die Anhäufung von Macht und Reichtum treten Armutsbewegungen auf. Und haben auf Dauer Erfolg. Ein »Gottesgnadentum« mit monarchistisch-absolutistischen Herrschaftsformen im Stil der deutschen Kaiser[25] wird überwunden von demokratisch-synodalen Strukturen. Gegen die menschenverachtende Herrschaft von Diktatoren und Machtusurpatoren lehnen sich Widerstandskämpfer unter Einsatz ihres Lebens auf. Gegen Verschwendung und Anhäufung von Reichtümern, gegen Ausbeutung menschlicher Arbeitskraft und ungerechte Entlohnung kämpfen soziale Bewegungen. Der in den christlichen Kirchen intern nicht hinreichend beachtete Impuls für Freiheit, Gleichheit und Geschwisterlichkeit wird in säkularisierter Form aufgenommen und verwirklicht – in der Französischen Revolution und nach weiteren langen Irrwegen in der Europäischen Charta der Menschenrechte (die der Vatikan und Weißrussland bis heute nicht unterzeichnet haben!). Das Evangelium Jesu wird zur »*Befreiungs*theologie« und inspiriert zum Kampf gegen die vielfachen sozialen und politischen »Strukturen der Sünde«.

Schon im christlichen Altertum werden in vielen Gemeinden Hospitäler und Herbergen gegründet für Fremde, Kranke und Arme, für Hilfsbedürftige jeder Art. Von den Kirchen errichtete und geleitete Krankenhäuser, Seniorenheime und Hospize erfreuen sich besonderer Beliebtheit. Kirchliche Hilfswerke – Caritas und Diakonisches Werk, Adveniat, Misereor und Brot für die Welt – leisten seit Jahrzehnten effiziente Hilfe vor Ort. Christliche Friedensorganisationen wie Pax Christi, Aktion Sühnezeichen, Maximilian-Kolbe-Werk arbeiten für Frieden und Versöhnung unter den Völkern. Unzählige Dienst- und Hilfeleistungen, ehrenamtliche Tätigkeiten und soziales Engagement geschehen aus christlicher Motivation im Verborgenen.

Erwähnenswert ist auch, dass zu allen Zeiten vor allem die Jesus- und Mariengeschichte seelische Tiefenschichten und archetypische Bilder der Menschen angesprochen und ihre Fantasie zu intensiver und extensiver Auseinandersetzung angeregt haben. So entstanden Meisterwerke der Literatur, der Musik und der bildenden Kunst. Selbst manche christlichen Feste, die zur Folklore mutiert und von höchst profaner Geschäftigkeit überwuchert sind (Weihnachten, Ostern, Sankt Martin), geben auch in ihrer säkularisierten Form Anlass zu vermehrter Spendenbereitschaft, zu gar nicht so selbstverständlichen Hilfsaktionen und zu manchen Aktivitäten im Familien- und

Freundeskreis, die zerrissene Bande neu knüpfen, das Füreinander bezeugen und das Miteinander stärken können.

Einer der bedeutendsten Theologen des letzten Jahrhunderts, Karl Rahner, erinnert daran, dass »der europäische Imperialismus seit dem 16. Jahrhundert, gewollt oder ungewollt, eine Unzahl von Ideen und Lebensnormen in die ganze Welt mitexportiert [hat], die letztlich christlich sind und ohne das Christentum nicht verständlich gemacht werden können, auch wenn sie als allgemeiner Humanismus rezipiert wurden, der mit dem Christentum nichts zu tun hat, und nachträglich als autarke Sache der anderen Kulturen interpretiert werden. Die heute immer deutlicher und allgemeiner werdende Weltzivilisation, die eine bisher nie gekannte Einheit in die Menschheit und ihre Geschichte hineingebracht hat, ist nun einmal von Europa ausgegangen; dieses aber ist nun einmal ursprünglich christlich gewesen und hat mehr davon, als wir gewöhnlich denken, auf diese Weise der Welt vermittelt. Selbst die technische Zivilisation und die Aufklärung können ihren spezifisch christlichen Ursprung nicht leugnen. Wenn das, was vom Christentum her in die allgemeine Weltzivilisation von heute eingebracht worden ist, sehr oft und weitgehend als allgemein verständlicher und selbstverständlicher Humanismus (das Naturrecht, die Allgemeinen Menschenrechte, Freiheit und Demokratie usw.) erscheinen mag, so ist auch dieser Humanismus längst nicht so selbstverständlich, wie man heute meint; er stammt eben doch faktisch aus einer ursprünglich christlichen Kultur und nicht aus anderen«.[26]

Das Christentum entfaltet dort seine nachhaltigste und umfassendste Wirkung, wo es wie Sauerteig wirkt, »den eine Frau unter einen großen Trog Mehl mischt, bis das Ganze durchsäuert war« (Mt 13, 33). Der Sauerteig muss sich selber aufgeben und sich in der Masse des Mehls verlieren. Er muss sich selber mit seinen Eigenschaften und Eigentümlichkeiten an das Mehl hergeben, das diese Eigenschaften und Eigentümlichkeiten entgegennimmt und sich zu eigen macht, ohne selber Sauerteig werden zu sollen und zu wollen.[27]

➤ Vielleicht wäre die Welt doch reichlich ärmer und kälter, wenn es das Christentum nicht gäbe. Vielleicht würde sie lebenswerter und menschlich-wärmer werden, wenn – ja *wenn*! –

➤ das Christentum wie ein »Sauerteig« unbemerkt und unkenntlich im Stillen arbeiten und im »Teig« aufgehend seine wahre Kraft und Stärke entfalten würde;

➤ das Christentum aus der »gefährlichen Erinnerung« (J. B. Metz) an sein jesuanisch-prophetisches Erbe leben würde;

- das Christentum den christlichen Glauben nicht als ein blutleeres »Für-wahr-Halten« von Sätzen begreifen würde, sondern als unbedingt angehende Lebensaufgabe und als zupackendes Tätigkeitswort, als rücksichtsvolles Handeln im grenzenlosen Vertrauen auf einen liebenden und mitgehenden Gott und im Angesicht der herausfordernden Gestalt des Mannes aus Nazaret.

Wird also das Christentum noch gebraucht?

Nein, nicht gebraucht wird ein Christentum,

- das sich als »tendenziell pathogene Organisation« darstellt, die »kaum mehr einen Beitrag zur sozialen Integration moderner Gesellschaften« leistet;[28]
- das narzisstisch um sich selbst kreist und deren »Oberhirten« sich selbst bespiegeln;
- das vor allem mit der Lösung seiner eigenen selbstverschuldeten Probleme beschäftigt ist, mit Finanz- und Missbrauchsskandalen, mit misslichen Personalfragen oder mit der Abwehr innerkirchlicher Kritik;
- das Reichtümer anhäuft unter dem Deckmantel, damit Gott ehren zu wollen;
- das Arme mit schönen Reden abspeist und selbst Reichtum besitzt und hortet;

- das für kirchliches Führungspersonal (»Oberhirten«) eine »Amtsautorität« beansprucht, die von den untergebenen »Laien« kritiklosen Gehorsam und »willige Unterwerfung« einfordert;
- das zwar die Würde der Frau mit hehren Worten preist, ihr aber nicht die gleichen Rechte wie dem Mann zugesteht;
- das sich als Agentur für Moral, insbesondere für Sexualmoral, aufspielt, aber, wenn es um Einfluss und Macht geht, auch mit unmoralischen, uneinsichtigen Machthabern paktiert;
- das einen Jesus predigt, der als »Sohn Gottes, sitzend zur Rechten des Vaters«, in den Himmel entrückt und damit für die Welt »hier unten« bedeutungslos wird;
- das einen dogmatisch fixierten und begrifflich definierten »Gott« predigt, der einem antiken Weltbild angehört, das mit der Welt von heute nichts mehr zu tun hat.

Ja, gebraucht wird ein Christentum, das dazu dient,

- aufzuzeigen, dass das Leben noch eine andere Dimension hat als die mit menschlichen Sinnen wahrnehmbare und erschließbare;
- den Gedanken an eine transzendente, alles umfassende, tragende und gestaltende Kraft immer wieder aufzurufen und wachzuhalten,

- historische Einbruchstellen und Erfahrungsfelder dieser geheimnisvoll waltenden Macht achtsam in Erinnerung zu bewahren und neue in der Welt von heute aufzuzeigen,
- nach dem Vorbild der alttestamentlichen Propheten unmissverständlich und mutig seine Stimme zu erheben für Recht und Gerechtigkeit, für Freiheit und Frieden;
- Botschaft und Wirken des Mannes aus Nazaret glaubhaft zu bezeugen und sich selbst demütig und bescheiden zu bemühen, sein Beispiel in die Tat umzusetzen,
- Menschen zu ermutigen, nach dem Beispiel Jesu solidarisch mit allen zu leben und zu arbeiten, die sich für die Zu-kurz-Gekommenen, für Versöhnung und Frieden in dieser schwierigen Welt einsetzen;
- seine Auferstehungsbotschaft nicht als Vertröstung auf ein besseres Jenseits zu verstehen, sondern als Aufruf zum Einsatz für ein menschenwürdiges, lebenswertes, erfülltes Dasein in dieser Welt;
- die Achtung vor der Würde des Menschen unmissverständlich anzumahnen und energisch die Einhaltung der Menschenrechte einzufordern;
- als Motor des Zusammenwachsens der Menschen zu wirken und als Inspirator solidarischen Denkens und Handelns;

- allen Menschen Hilfe für ein gelingendes Leben zu vermitteln.

Je stärker das Christentum in einer unauffälligen, dienenden, säkularisierten Gestalt erscheint, desto attraktiver wird es sein.

VII. Ein undogmatisches Credo

»Ich glaube, dass es gut ist für uns Menschen, im Uranfang und im Innersten des Alls eine Macht zu vermuten, die wir als Gott bezeichnen können und die Jesus Vater genannt hat und aus deren Liebe er seinen Auftrag herleitete.

Ich glaube, dass Jesu Leben und Reden dazu geeignet ist, unserem Leben Impulse zu geben für friedliches Miteinander, geschwisterliches Wohlwollen, für gegenseitige Achtung und Vergebung, für weltweites gerechtes Teilen.

Ich glaube, dass Jesu Wort und Geist lebendig bleibt in allen, die sich mit ihm verbinden in der Gemeinschaft derer, die sich an ihm orientieren.

Ich glaube, dass Gottes Geist in uns lebt und schafft und uns Wege zeigt, unsere Welt und unser Miteinander gedeihlich zu gestalten.

Ich glaube, dass diese Geistkraft uns unterscheiden hilft, welche Inhalte der überlieferten Glaubenstradition brauchbar sind, welche vernachlässigt werden können und welche unbrauchbar sind.

Ich glaube, dass die Worte und Erzählungen der Bibel uns dazu anregen, aus ihnen Handlungswege abzuleiten, nicht aber dazu geeignet sind, ein dogmatisches System unveränderlicher sogenannter Wahrheiten festzumauern.

Ich glaube, dass Jesu Leben uns ermutigt, aus Vergebung und Gnade zu leben und zu vertrauen, dass wir von der liebenden Ur-Gnade getragen sind im Leben und im Sterben.

Ich glaube, dass die Worte und Erzählungen der Bibel uns dazu anregen, aus ihnen Handlungswege abzuleiten.

Ich glaube, dass Jesu Leben uns ermutigt, aus Vergebung und Gnade zu leben und zu vertrauen, dass wir von der liebenden Ur-Gnade getragen sind im Leben und im Sterben.«

ERWIN SEIFRIED[29]

Anmerkungen

Für manche Anregung und Hilfe danke ich Bertold Graf, Freiburg, und Erwin Seifried, Heitersheim.

Den Ausführungen liegen folgende Werke des Autors zugrunde, aus denen teilweise wörtlich zitiert wird, ohne das immer eigens kenntlich zu machen:

- Norbert Scholl, Die großen Themen des christlichen Glaubens, Wissenschaftliche Buchgesellschaft Darmstadt ²2013.
- Norbert Scholl, Jesus von Nazaret, Verlag Lambert Schneider Darmstadt/ Wissenschaftliche Buchgesellschaft Darmstadt 2012.
- Norbert Scholl, Religiös ohne Gott, Verlag Lambert Schneider Darmstadt/ Wissenschaftliche Buchgesellschaft Darmstadt ²2011.

1 H. Böll, Eine Welt ohne Christus, in: K.-H. Deschner (Hg.), Was halten Sie vom Christentum?, München 1957, S. 22 f.

2 J. Friedrich, U. Wilckens. Zitiert nach J. Gnilka, Das Matthäusevangelium. Herders theologischer Kommentar zum Neuen Testament I/2, Freiburg 1988, S. 368.

3 Hier zitiert nach: Die Zeit, Nr. 14 (31.5.1999), S. 45. Die ganze Serie gibt es auch als Taschenbuch: R. Leicht, Ihr

seid das Salz der Erde – 2000 Jahre Christen im Widerspruch, Gütersloh 1999.

4 M. Reichardt, Psychologische Erklärung der Ostererscheinungen?, in: Bibel und Kirche 1997, S. 28-33; hier: S. 30, 33 f.

5 G. Theißen, Studien zur Soziologie des Urchristentums, Tübingen 1989, S. 23 f., 105.

6 70 000 waren es nach Angaben des syrischen Chronisten Ibn al-Athir (1160-1233); zitiert nach http://de.wikipedia.org/wiki/Ibn_al-Atir. Ferner: http://de.wikipedia.org/wiki/Belagerung_von_Jerusalem_(1099)#Der_Sturm_und_das_Massaker (Zugriff 6.1.2014).

7 Nach: I. Kant, Beantwortung der Frage: Was ist Aufklärung?, in: Berlinische Monatsschrift. Dezember-Heft 1784, S. 481-494; zit. nach: http://www.uni-potsdam.de/u/philosophie/texte/kant/aufklaer.htm (Zugriff 12.1.2014).

8 A. de Tocqueville, Über die Demokratie in Amerika, 1. Bd., Stuttgart 1959, S. 444.

9 »Wir kommen nun zu einer anderen folgenreichsten Ursache von Übeln, von denen die Kirche gegenwärtig zu Unserem Kummer heimgesucht wird, nämlich dem Indifferentismus bzw. jener verkehrten Meinung … man könne mit jedem beliebigen Glaubensbekenntnis das ewige Seelenheil erwerben, wenn man den Lebenswandel an der Norm des Rechten und sittlich Guten ausrichte. … Und aus dieser höchst abscheulichen Quelle des Indifferentismus fließt jene widersinnige und irrige Auffassung bzw. vielmehr der Wahn, einem jeden müsse die Freiheit des Gewissens zugesprochen und sichergestellt werden« (DH 2730-2732).

10 »Zur Ehre Gottes, unseres Heilandes, zur Erhöhung der katholischen Religion, zum Heil der christlichen Völker lehren und erklären wir endgültig als von Gott geoffenbarten Glaubenssatz, in treuem Anschluss an die vom Anfang des christlichen Glaubens her erhaltene Überlieferung, unter Zustimmung des heiligen Konzils: Wenn der Römische Papst in höchster Lehrgewalt (ex cathedra) spricht, das heißt: wenn er seines Amtes als Hirt und Lehrer aller Christen waltend in höchster apostolischer Amtsgewalt endgültig entscheidet, eine Lehre über Glauben oder Sitten sei von der ganzen Kirche festzuhalten, so besitzt er aufgrund des göttlichen Beistandes, der ihm im heiligen Petrus verheißen ist, jene Unfehlbarkeit, mit der der göttliche Erlöser seine Kirche bei endgültigen Entscheidungen in Glaubens- und Sittenlehren ausgerüstet haben wollte. Diese endgültigen Entscheidungen des Römischen Papstes sind daher aus sich und nicht aufgrund der Zustimmung der Kirche unabänderlich. Wenn sich jemand – was Gott verhüte – herausnehmen sollte, dieser unserer endgültigen Entscheidung zu widersprechen, so sei er ausgeschlossen« (DH 3074).

11 http://de.wikipedia.org/wiki/Julius_K%C3%BChlewein (Zugriff 12.1.2014).

12 A. Franzen, Kleine Kirchengeschichte. Herderbücherei 237, [10]1981, S. 382.

13 Die Deutschen Bischöfe – Pastoral-Kommission, Sakramentenpastoral im Wandel, Bonn, Juli 1993, S. 9.

14 W. Gößmann, Sakrale Sprache, München 1965, S. 9.

15 R. Zerfaß, Die Sprache der Verkündigung, in: E. Bartsch u. a., Verkündigung. Pastorale – Handreichung für den pastoralen Dienst, Mainz 1970, S. 81-96; hier: S. 95.

16 U. Neumann, Heilige – Vorbilder für ein heiles Leben? Anfragen aus der Sicht einer Psychotherapeutin. Unveröffentlichtes Manuskript einer Sendung im Zweiten Programm des Südwestfunks Baden-Baden vom 18.6.1989, S. 15.

17 J. Ratzinger, Wahrheit, Werte, Macht. Prüfsteine der pluralistischen Gesellschaft, Freiburg [3]1995, S. 4.

18 Muslimischer Studentenverein Karlsruhe e. V. ; zitiert nach: http://www.enfal.de/grund31.htm (Zugriff 30.12.2013).

19 Drittes Buch Esra (Esdras A') ist eine apokryphe Schrift aus hasmonäischer Zeit (zweite Hälfte des 2. Jh. v. Chr.).

20 DH 3902.

21 Karl Lehmann, Hermeneutik für einen künftigen Umgang mit dem Konzil. Vortrag beim Theologischen Forum der Otto-Friedrich-Universität Bamberg am 22. Januar 2004 in Bamberg. Daraus: 5. Blick in die Zukunft (http://www.bistummainz.de/bistum/bistum/kardinal/texte/texte_2004/konzil.htm; Zugriff 13.2.2014).

22 Vgl. dazu: Norbert Scholl, Gott im Kosmos, Darmstadt 2015.

23 Eduard Kaeser, Der Wert der Skepsis. Gegen den faulen Frieden zwischen Wissen und Glauben, in: journal21, (27.12.2013); hier zitiert nach: http://www.journal21.ch/der-wert-der-skepsis (Zugriff 28.12.2013).

24 H. Usener, Dreiheit, in: Rheinisches Museum für Philologie 1903, S. 36 ff.; N. Scholl, Das Geheimnis der Drei. Kleine Kulturgeschichte der Trinität, Darmstadt 2006.

25 Friedrich Wilhelm IV. von Preußen lehnte 1849 ein Erbkaisertum ab, das ihm von der Paulskirchenverfassung angetragen wurde. Die Rolle des Monarchen sei von der Idee des Gottesgnadentums bestimmt. Der imperiale

Wahlspruch des letzten deutschen Kaisers, Wilhelms II., lautete: »Gott mit uns«.

26 K. Rahner, Mario, lieber Freund ..., in: Orientierung 19, 1979, S. 205-207; hier: S. 207.

27 Vgl. ebd.

28 Zit. nach: Herder Korrespondenz 12, 2013, S. 605 f.

29 Der bisher unveröffentlichte Text wurde mir vom Autor zur Verfügung gestellt. Ich danke Erwin Seifried herzlich dafür.

Abkürzungen

parr.	Parallelstellen

BÜCHER DES ALTEN TESTAMENTS

Dtn	Deuteronomium (= 2. Buch Mose)
Ex	Exodus (= 5. Buch Mose)
Ez.	Ezechiel
Gen	Genesis (= 1. Buch Mose)
Hos	Hosea
Jer	Jeremia
Jes	Jesaja
Lev	Levitikus
Mi	Micha
Ps	Psalmen
Ri	Richter
2 Sam	2. Buch Samuel

BÜCHER DES NEUEN TESTAMENTS

Apg	Apostelgeschichte
Gal	Brief an die Gemeinden in Galatien
Joh	Johannesevangelium
Kol	Brief an die Gemeinde in Kolossä
1 Kor	1. Brief an die Gemeinde in Korinth
Lk	Lukasevangelium
Mk	Markusevangelium

Mt	Matthäusevangelium
Phil	Brief an die Gemeinde in Philippi

KIRCHLICHE DOKUMENTE

DH	Heinrich Denzinger/Peter Hünermann, Kompendium der Glaubensbekenntnisse und kirchlichen Lehrentscheidungen; Lateinisch-Deutsch, 44. Auflage, Herder, Freiburg im Breisgau 2014.